아름다운 얼굴들

아름다운 얼굴들

유용주 지음

유용주가 사랑한 우리시대의 작가들

한겨레출판

차례

한 점 소리 없이 눈이 내린다	— 안상학	7
세상에서 가장 낮은 노래	— 이나미	31
끝나지 않은 노래	— 김해자	55
먼 바다에서 온 물봉선	— 박남준	69
한 도보 고행승에 대한 중간 보고	— 한창훈	85
쓰다듬는 나무가 세상을 키운다	— 이정록	109
생의 북쪽을 지니고 간다	— 이면우	129

아니 갈 수 없는 길	— 이원규	145
바람 같고 산맥 같고 나무 같은 사람	— 정낙추	159
아름다운 얼굴	— 송기원	177
목매달아 죽어도 좋은 나무	— 박범신	205
숲을 이루는 존재들을 위하여	— 이문구	221
세상에서 가장 부드러운 손	— 박경리	257

• 작가의 말 268

일러두기

이 책은 저자가 1998년부터 2011년까지 쓴 발문(跋文, 책의 끝에 본문 내용의 대강(大綱)이나 간행 경위에 관한 사항을 간략하게 적은 글)들을 모은 것입니다. 저자는 사전적 의미의 발문에서 벗어나 그 고유의 문체로 작가들과의 각별한 인연을 비롯해 삶과 문학에 대해 이야기하고 있습니다.

안상학

한 점 소리 없이
눈이 내린다

나는 한 그루 참나무를 생각했다.

나는 한 그루 소나무를 생각했다.

추울수록 나이테 촘촘해지는 소나무를 생각했다.

안상학은 한 그루 소나무 같은 짐승이었다.

누이를 보내는 두어 시간 동안, 화장장 근처에서

우리는, 우리 생을 다 살아버렸다.

ⓒ강재훈

안상학 1962년 경북 안동에서 태어났다. 1988년 《중앙일보》 신춘문예에 시가 당선되면서 작품 활동을 시작했다. 시집 《그대 무사한가》, 《안동소주》, 《오래된 엽서》, 《아배 생각》, 평전 《권종대—통일걷이를 꿈꾼 농투성이》, 에세이 《깊고 푸른 바다를 보았지》(공저) 등을 펴냈다.

그해 겨울엔 눈이 자주 내렸다. 1988년 1월 1일 아침, 낡고 허름한 숙소에서 나는 술이 덜 깬 얼굴로 새해를 맞았다. 지난 육 개월간 하루도 빠지지 않고 술을 마셨다. 잠이 들면 다시는 눈을 뜨고 싶지 않은 날들이었다. 1987년 6월 29일, 어머니가 돌아가셨다. 내 인생 최후의 보루였던 어머니가 눈도 감지 못하고 한 많은 이 세상을 하직할 때 따라 죽지 못한 게 한스러웠다. 일찍이 붓다께서는 일하지 않는 자 먹지 말라고 하셨으나, 하루 벌면 이틀을 마셨고 이틀 벌면 일주일을 마셨다.

구제불능의 세월이 흘렀다. 그렇게 긴 장마와 소슬한 가을과 차고 매운 겨울을 위악과 패악으로 기어 다녔다. 프레스 공장, 유리 공장 일용직 잡부, 스페어 기사 조수, 식품회사 경비를 거쳐 서울대학교 농대 온실 공사에 용접공 보조로 일을 할 때는 거리에 크리스마스 캐럴이 풍성하게 쏟아질 무렵이었다. 무전취식과 노숙으로 몸은 엉망이었으며 몇 번의 자살 시도는 실패로 끝났고 또 몇 번인가 파출소와 경찰서 유치장을 들락거렸다.

걸을 때마다 내 몸에선 악취가 났다. 입에서 똥구멍까지 내 몸은 거대한 하수도관이었다. 그곳에는 세상의 온갖 찌꺼기들이 모여 썩어가고 있었다. 부글부글 끓고 있었다. 사람들은 나를 피해 다녔다. 멀찍이 나를 돌아 다녔다. 인적 없는 쓰레기통 옆에서, 공사장 함바(식당)에서, 쥐오줌 번진 숙소 이불 속에서, 희미한 포장마차 불빛 아래서 나는 용을 쓰며 시를 썼다. 시는 하수종말처리장을 향하는 내 마지막 비상구였다.

그해, 직선제 개헌을 이끌어낸 국민들에게 양 김씨의 단일화 실패는 크나큰 상처를 남겼다. 군부독재 종식이 아니라 연장의 기회를 준 셈이 되었다. 이미 오래전 주민등록이 말소되어 선거권이 없었지만 나는 내심 DJ가 대통령이 되면 가난하고 힘없는 사람들이 나라의 주인이 되는, 그런 세상이 열릴 거라 예상했다. 단순무식한 내 꿈은 여지없이 박살났다. 쓰린 마음에 소주를 들이붓고, 나는 〈하수도〉 연작 스물네 편을 포함, 총 예순한 편의 시를 써서 중앙 5대 일간지 신춘문예에 각각 투고했다. 그 전해에도 우리나라 잡지사상 처음으로 시도한 신춘문예에 최종 결선에 오른 적이 있는 나는 무난히 당선되리라 자신했다. 이 정도면 박노해나 백무산, 박영근을 능가하고도 남을 것이다. 나처럼 철저하게 밑바닥 인생을 체험한 시인은 없을 것이다. 시는 머리보다는 가슴, 가슴보다는 온몸으로 쓰는 거라고 하지 않았던가. 온몸으로 밀고 간다면 태산이라도 무섭지 않다고 큰소리칠 때였다.

우선 배관 담당 십장(작업반장)에게 선금을 당겨 크리스마스 전날부터 축하 파티를 열었다. 지금도 선명하게 떠오른다. 수원역 근처 '녹천'이라는 카페. 술은 청탁불문, 안주라고 해야 돼지껍데기나 신 김치에 두부 정도면 최고의 호사를 부릴 시절이었는데, 그날은 맥주를 짝으로 시켰다. 머지않아 나는 대한민국에서 제일가는 시인이 된다. 이제 이 구질구질한 막노동 인생은 끝이다. 그동안 도와줘서 고맙다, 뭐 이 따위 입버캐 말을 주절대면서 호기를 부렸다. 가까운 친구들까지 이번에는 틀림없이 당선되는 줄 알고 하숙비에다 부모님이 책값으로 부쳐준 돈까지 기꺼이 꾸어주었다.

술판은 무르익고, 취흥은 도도해지고 조명은 살구색으로 물들어갔다. 여자들은 하나같이 영화나 텔레비전에서 본 선녀들 같았다. 나는 무대로, 아니 탁자 위로 올라갔다. 윤동주와 황동규와 곽재구와 정일근의 명시들이 쏟아져 나왔다. 막차가 끊기고 공장에서 숙소까지 20리 길을 걸어 다닐 때 울면서 외웠던 시들이었다. 그때는 별들이 눈물처럼 쏟아졌다면 술자리에서는 아가씨들 박수 소리가 폭설처럼 쏟아졌다. 술값은 상금보다 훨씬 많이 나왔다. 비틀거리며 나온 술집 밖에는 흰보라 수수꽃 눈 쌓인(곽재구) 건물 유리창마다 희망의 불꽃이 넘실거렸다. 나는 서울대학교 농대 온실 작업장 옆 잔디밭에서 영화 〈러브 스토리〉를 여러 편 혼자 찍었다. 쩍 벌린 입으로 배추흰나비들이, 무수한 알사탕 조각들이 쏟아져 들어왔다. 그건 어렸을 때 먹어본 대전 성심당 팥빙수보다 달콤한 맛이었다.

새해 아침, 거리는 한산했다. 무릎 가까이 쌓인 눈을 헤치고 간신히 수원역으로 가는 다리를 건넜다. 차고 맑은 바람이 불었다. 그래, 틀림없이 당선작 아래 '사고(社告)'가 났을 거야. 위 당선자는 신문을 본 즉시 문화부로 연락 바람. 생각만 해도 근사했다. 집도 절도 주민등록증도 없는 시인, 노동을 넘어, 죽음을 넘어 시혼을 불살라 우리나라 문단에 혜성처럼 등장한 신진 시인 유용주! 신문과 방송 인터뷰가 줄을 잇고 시집을 출간하자고 선인세가 들어오고, 따뜻한 집과 엊그제 술집에서 본 선녀 닮은 아내와 김이 설설 나는 밥상과 베스트셀러 1위에 오른 내 시집을 생각하며 숫제 뛰듯이 걸었다.

길은 미끄러웠다. 버스보다도, 택시보다도 빠르게 도착했지만, 수원역 신문 가판대는 텅 비어 있었다. 제길, 이까짓 눈에 신문 발송 하나 제대로 못하다니, 쳇, 나는 누런 가래침을 양아치스럽게 뱉어냈다. 그때, 꼭 북극곰처럼 거대한 체구를 가진 사내가 신문 한 덩어리를 턱하니 놓고 가는 게 아닌가. 바람 때문에 녹지 않은 눈이 묵은 쌀밥처럼 푸슬푸슬 신문 1면 위에 떨어졌다. 1면에 적힌 문구, 신춘문예 당선작! 〈1987년 11월의 신천〉! 안상학! 온몸의 피가 거꾸로 치솟았다.

신천교가 보이는 길목을 지켜선

가로수는 하나 둘 가을 흔적을 지우고

팽팽하게 바람을 안고 있는 선거 현수막은

가지를 붙들고 안간힘을 쓰고 있다

강남약국 앞 버스정류소 무인 판매대에서

문득 주워든 때 지난 조간신문

사람들이 표표히 떠도는 모습을 배경으로

현수막에 붙박힌 무표정한 이름들이 웃고 있다

순간 사회면에서 비상하는 철새들

왜가리 청둥오리 두루미 고니떼 무리

을숙도에 잠시 머물다 북상할 거라는 단신(短信)

저 썩어 흐르는 신천에도 철새는 날아올까

검은 물만 흐르는 신천 가득

철새는 날아올 수 있을까 날아와

저렇게 시린 발목을 담그고 있어낼까

신천을 가로지른 철교 아래

신천동 산동네 사람들이 모여 나와

영세민 취로 사업을 벌이고 있다. 철새무리

장화를 신고 오물을 건지는 아저씨, 철새

수건 머리 쓰고 돌 나르는 아줌마, 철새

허접쓰레기 소각하는 할머니 철새, 할아버지

철새, 매캐한 연기는 바람 부는 방향으로 누워 흐르고

하천둑에 붙박힌 녹색 깃발은 제자리 펄럭임을

하고 있다 정오 한때

낮은 하늘에 걸린 전투기 한 대 여전히

철새는 날아오지 않고 사람들이

식어버린 밥을 먹고 모닥불 가에 모여든다

천변 봉제공장 여공들은 잠시 은행잎처럼

몇몇은 담장 밑에 옹송그리며 앉아 있고

더러는 노점 떡볶이를 먹으며 재잘대고 있다

늦가을 바람에 날리는 햇살 속에서

낙엽들만 철새처럼 와그르르 몰려다니는

저 썩어 흐르는 신천은 무사해도 되는가

무사해도 되는가

— 안상학, 〈1987년 11월의 신천(新川)〉 전문

치가 떨렸다. 내 이 ××를! 만나기만 하면 갈기갈기 찢어 죽여도…… 이를 갈며 돌아오는 길은 마음과 달리 휘청거렸다. 나는 잠시 철길이 보이는 다리 위에 섰다. 기차가 지나가면 검은 눈보라가 맨 뒤 객차 구멍 속으로 빨려 들어가는 게 보였다. 나도 저 구멍 속으로 빨려 들어가 흔적 없이 사라지고 싶었다. 기찻길은 남쪽으로도 북쪽으로도 길게 휘어져 있었다. 너무 많이 휘어져 곧게 펴려고 해도 결코 펼 수 없는 내 인생 앞에, 새로운 세상이 막막하게 펼쳐져 있었다. 나는 담배꽁초를 멀리 철로 쪽으로 퉁기며 중얼거렸다. 짜식, 죽이게 썼네, 당선작으로 손색없어, 나보다는 백 배 나아!

그러고 나서 까맣게 잊고 살았다. 강산이 몇 번 바뀌었는지 모르겠다. 야차 같은, 저승사자 같은, 좀비 같은, 아귀(안상학은 국수나 냉면, 자장면을 먹을 때 내게 늘 그런다. "그, 참, 쫌, 흡입하지 말고, 쫌 섭으래이!") 같은 저렴한 이야기는 생략하기로 한다. 무림의 강호 제현들이 모두 미루어 짐작할 만한 세월이었으니. 몇 해나 되었나. 그날도 새해를 맞아 떡국 한 그릇 먹고 논산 처가에 세배 드리러 가는 길이었다. 차가 칠갑산 굽이 지나 부여 땅으로 마악 들어왔을 때 옆자리에서 졸고 있던 안해가(여기서 안해는, 절대 가족끼리 해서는 안 된다는 뜻의 안해다) 갑자기,

"애고머니나!"

참으로 해괴하고 망측스러운 표정을 지으면서 자기 휴대전화를 내게 보여주는 게 아닌가.

"뭔데?"

안해 휴대전화 액정에는 이렇게 씌어 있었다.

'올해는 꼭 싸고 말끼다.'

이 무슨 전립선이 방광염에 와서 울고 가는 야그냐. 학(안상학)이 보낸 신년 메시지였다. 그런데 왜 하필이면 제 것 놔두고 남의 것에다 싸고 만다는 것인가. 자기는 지귀고 나는 처용이라도 된단 말인가? 나는 차 안에서 운전하다 말고 처용무를 출 수는 없고 "미친 늠〔그의 호가 미천(眉川)이다. 우리들은 가끔 그렇게 놀란다〕, 별 지랄방정을 다 떠네" 했더니 바로 내 휴대전화가 울렸다.

"그기, 형한테 보낸다는 게, 형수 전화도 형 이름으로 저장해놓아서 잘못 누르는 바람에…… 프흣, 하여튼 그런 줄이나 알아."

라따라따 아라따비야, 나는 건투를 빌어줬다.

여기에는 사연이 깊다. 안 봐도 뻔히 알지만, 학도 나처럼 비스무리한 풍찬노숙의 풍화를 겪고 마침내 중앙으로 진출하여 마포나루에 둥지를 틀고 사무를 국장으로 치르고 있을 때 자주 만나보니 예상보다 헌걸찬 사내였다(시집 《아배 생각》의 주인공 아버지는

164센티미터 정도 단신이셨다는데 학은 아무래도 엄마 피를 이어받았나 보다. 이때쯤 수원역 근처에서 이 갈던 악몽은 씻긴 듯 사라지고 학과 나는 안 보면 보고 싶고, 보면서도 그리운 사이가 되었다). 우리 친구들 중에 이목구비가 가장 제대로 박힌 사내였으니, 주위에는 늘 그를 연모하는 옌네(여인네)들이 많았으나 그 애달픈 눈빛은 소 닭 보 듯 지나치고 남장여자인 준(박남준)을 가까이 품고 있었다. 한 발 더 나아가, 만주벌판에서 말발굽 먼지 일으키며 왜놈들이나 비적 소탕하는 독립군 대장 같은 훈(한창훈) 같은 사내를 끼고 돌았다. 아무래도 저 짐승은 호모스러운, 애매모호한 사내였다. 처녀가 되었든, 유부녀가 되었든, 할머니가 되었든 치마만 두르면 젖배 곯은 아이처럼 칭얼대는 내게 학은 늘 핀잔을 주곤 했다.

"쫌, 그만 껄떡대그라, 그 나이에 창피하지도 않나?"

"……니는 전태일 큰 형님이 일찍이 대학 다니는 친구가 하나 있었으면 하고 탄식한 말 기억나나? 와, 니는 스지도 않나?"

"그기, 형 껄떡대는 거 하고 무신 상관인데?"

그 대목에서 나는, 이미 이 바닥에서 오래전 폐기처분된, 대학 시리즈 유머를 어설프게 되풀이하면서 좌중을 남극보다 더 얼어붙게 만들었다. 항상 이 모양 이 꼴이다.

"그래서 막 들이대는 겨. 내 모교는 끝까지 들이대, 워뗘? 그건 그렇고…… 니 다시 한 번 묻겠는데, 요즘 잘 안 스나?"

"그기 무슨 말이고? 그럴 리가!"

그럴 리가!(안상학의 사자성어 중 검색순위 1위) 니는 리가가 아니라 순흥 안가 아이가? 그렇다, 그는 물 좋고 산 좋은 성주풀이의 고향 제비원 출신 제비, 순흥 안씨다. 그런데 언제부터인지 서기는 서는데 도통 나오지를 않는단다. 건강기능식품 소팔메토를 처방해도 어려운 것은, 믿기지 않지만 그럴 만한 상대가 없어서인데, 언젠가는 몇 년 만에 몽정을 했다고 실토하기도 했다. 옆에 있던 별 시스터즈와 훈과 록(이정록), 수(김수열)와 증(고증식), 규(이원규) 형제들이 온갖 처방을 다 내렸지만 소용이 없었다. 담배를 비벼 끈 훈이 한마디 했다.
"쯧쯧, 한심한지고……."
겉보기와는 다르게 학은 심각한 성기능 장애가 있는 듯 보였다. 나는 문득 고승대덕들 다비식에서 나온다는 사리를 떠올렸다. 국수사리, 냉면사리, 라면사리, 사리, 사리, 살이, 살이, 사람살이…… 사람살이에서 오는 필연적인 상처가 학을 굳게 해 나오지 않게 만들지 않았는지.

그 많은 우려에도 불구하고, 학의 성기능에는 전혀 문제가 없었던가 보다. 참 싸기도 많이 쌌다. 데뷔 이래 시집을 네 권이나 쌌고, 결혼해서 예쁜 딸 은서까지 낳았으니, 먹고 싸고 뱉고 피나고 자고 마시고 눕고 코 골고 이 가는 데 아무런 지장이 없어 보인다. 오히려 혼자 외로움을 참고 사는 사내들이 늘 그렇듯이 한번 봇물이 터지면 좌중을 압도했다.

시(詩, 아직 진행 중이니 평가는 사후에 하자)·서(書, 그는 한때 추사나 석봉, 왕희지를 흠모하였으며 시서전에 대해선 나중에 얘기하겠다)·화(畵, 그는 한때 화가가 꿈이었으나 미술부에 들어갔다가 준비물 살 돈이 없어 그만두었다), 삼절에다 야구(야구 실력은 못 봤으되, 물수제비는 제법 뜨는데, 요건 또 지 친구 규에게 한 수 밀리는지라, 그냥 멀리 던지기로 승부를 걸었던 모양이다. 학의 야구 수준은 손보다 침으로 내뱉는 데 타의 추종을 불허한다. 대항해 시대, 우리는 철선을 타고 《천일야화》의 현장을 답사한 바 있다. 두바이 항 근처에 정박 중인 몇 십, 몇 백억 원 하는 요트를 현지법인 가이드가 자상하게 설명하자, 학은 지체 없이 설장풍을 날렸다. 캭! 퉤!), 탁구(그가 탁구 칠 때 이층에 있는 술집에서 술 먹고 기다리느라 정확한 실력은 모르겠으나, 보통 중급 정도는 돼 보였다. 한마디로 중학교 때 탁구장 청소하고 보리차 주전자 깨나 날랐나보다), 당구(그가 당구 칠 때 나는 일층에 있는 생맥주 집에서 술을 마시면서 기다렸으니 잘 모르겠으나, 보통 게임비 내는 수준 정도는 돼 보였다. 아마도 학창시절 당구보다는 당구장 청소해주고 얻어

먹는 자장면 맛에 매료된 게 아닌가 짐작해본다), 축구(그는 고교 시절 클럽선수였는데 중거리슛이 너무 강해서 후배들은 공 차는 것보다 그물 꿰매는 데 대부분의 시간을 보냈다고 한다), 온갖 구짜(球字) 달린 것은 말할 필요도 없고(다른 구기 종목에 대해선 말 못하겠다. 학은 자신에게 불리하거나 잘 못하는 건 일체 함구한다. 그것은 과묵하다는 느낌과는 별개여서 때로 말 안 하면 중간이나 가지 정도의 속담 정도는 꿰뚫고 있는 듯 보인다. 아무튼 장딴지 근육이나 여인 손목 잡는 악력으로 볼 때, 그의 힘은 괴력난신이 틀림없다), 검도(그는 한때 안동 시내 다방을 전부 제집 드나들듯 드나들었으며 커피값이 없으면 즉흥시를 쓴 다음 한 초식에 8만 4천 가지 사연을 담아 여종업원들 미니스커트 위로 뿌렸다고 한다), 바둑(그는 한때 조남철·조치훈·조훈현을 흠모하여 바둑을 배웠으나 내기 바둑에서 가산을 탕진하고 그만두었다는 풍문이 들려오곤 했다. 이건 믿을 수 없는 말이다)에 광대춤(아까 휴대전화 사건에서 등장한 내 안해는 대학 다닐 때부터 고전무용과 현대무용을 복수전공해서 한 춤 했거니와, 댄스스포츠까지 연마해 지도자 자격증까지 땄지만, 나를 비롯해 이 바닥에서 빽구두 신고 한 세상 넘어온 훈과 록에게조차 단 한 번도 보여주지 않았는데, 언젠가 학이 서산에 왔을 때 나는 안해와 학이 혼연일체가 되어 춤을 추는 모습을 참담하게 목격한 바 있다. 안해는 자기가 추는 춤은 격조가 높아 반드시 파트너가 있어야 빛이 나는 법이라고, 너희 같은 뼈대 없는 집안들은 아예 접근하지 말라는 투였는데,

도대체 학은 어느 캬바레 출신이기에 저렇게 호흡이 잘 맞는 것이지?)
까지.

그 뒤로 학에게는 또 하나의 별명이 붙었다. '파트너 안'. 그렇다! 이제야 알겠다. 저 짐승에게는 임자 있는 여자들만 좋아하는 병이 있는 게야. 노래방 그 너른 방을 미끄러지며 돌고 돌아 안해와 춤추던 사내는 분명, 지귀였으리. 분명, 처용은 아니었으리. 그날 새벽에 들어와 밤새 더 마시다가 쓰러졌는데 아침에 깨어보니 안해는 어느새 화장을 하고 출근길에 나서는 참이었다. 한숨도 못 잤단다.

냉장고 앞으로 만 원짜리 지폐 몇 장이 낙엽처럼 뒹굴었다. 그 돈으로 해장국을 먹고 바다를 보고 며칠 더 묵고 간 학은 끝내 자신의 명시〈밤기차〉를 시·서·화를 총동원해 쓰고 그려서는 안해가 자는 안방 문고리에다 걸어놓고 갔다. 이건 또 모슨 해괴망측한 자물쇠인가?

시·서·화는 물론이고 춤에 노래(그는 한때 가수가 꿈이었으며 전축 하나 달랑 들고 서울로 가출한 적이 있다)에 못하는 것이 없었다. 또한 자타가 공인하는 대나무깃발 만(卍) 자의 대가였으니, 사주 관상·작명·택일까지 다루지 못하는 분야가 없을 정도였다. 어디 그뿐인가. 심지어 그는 라면 끓이는 데도 천부적인 재질을 타고났다. 한때 학의 별호가 '끼리까 안'이었을 정도였으니, 제주도·거문도·울릉도·고파도 섬 기행에서부터 박찬·박영근·조영관·김지우를 보내고 난 뒤풀이자리, 심지어 두바이행 현대 하이웨이호 야식 자리에서도 은하수처럼 명멸했다. 그건 소주병이 울고 갈 정도로 신묘한 것이었다.

 어느 해 겨울, 학과 나는 저 서해 가로림만 한가운데 떠 있는 고파도라는 섬에서 한 일주일가량을 아이들과 함께 보낸 적이 있다. 낮에는 아이들에게 시와 음악과 영화에 대해 이야기해주고, 밤에는 별빛을 안주 삼아 소라부인을 껴안고 생굴에게 뽀뽀하며 소주를 마셨다. 그 참하고 소슬하고 정갈한 자리 끝에서 새벽이 밝아오면 면발처럼 출렁이는 바다를 보며 학이 말했다.
 "라면 끼리까?"
 뭐니 뭐니 해도 라면 중에는 바다가 육지라면이 최고지. 학은 저 멀리 동쪽 끝에 있는 딸아이가 그리운 모양이었다. 하루에도 몇 번씩 휴대전화에서 정이 뚝뚝 묻어난다. 그래, 부성은 착한 것이다. 저래서 저 짐승은 그 많은 재주에도 천상 시인밖에 못 되는 것이다. 나 같은 잡스럽고 비루하고 비겁하고 비열한 놈은 그저 소라 데쳐놓고 생선 손질해서 안주 장만이나 해야지, 고파도 분교 관사는 바람 하나 없이 조용했다.

어어, 저기, 한 점 소리 없이 눈이 내렸다. 그해 첫눈이었다. 저, 눈 하나의 사랑과 별 하나의 소주잔과 구름 한바탕의 술자리가 이어졌다. 시심이 도도해진 우리는 관사 문을 활짝 열어젖히고 눈을 맞아들였다. 이백과 두보가 와도 울고 갈 정도였다. 소주잔 속으로 눈이 스며들었다. 우리는 있는 힘껏 취했다. 있는 힘껏 노래했다. 멀리 마을에서 컹컹 가이새끼가 화답을 했다. 섬에 내리는 첫눈, 그것은 이 세상 풍경이 아니었다.

"뭐라? 거는 누이(눈이) 안 온다고? 누부(봉정사 앞에서 안동찜닭집을 운영하는 상예 누부는 음식 솜씨만큼이나 유머감각이 뛰어난 분이다)야, 여는, 누이 온다…… 참 마이도 온다…… 끄윽, 끅."

결국은, 저 큰 눈에 마른 눈물이, 코 킁킁대는 비염 눈물이, 비염 비염 내리는 것이었다. 그것은, 오라버니가 흘리는 눈물이다. 남자라는 이유로 참아내야 했던 그 세월이 만든 눈물이다. 공장에 다니면서, 식모살이하면서 학을 학교에 보낸 손아래 누이를 생각하는 눈물이었다. 짧은 투병 끝에 저 눈의 근원인 물방울로, 물방울의 고향인 하늘나라로 보낸 누이에 대한 애타는 소야곡인 것이다.

그때도 겨울이었다. 누이를 보내는 화장장에 준과 훈과 같이 있었다. 울부짖는 조카들을 차마 보지 못해 근처 밭두둑으로 올라섰다. 비산비야(非山非野), 둥그렇게 흐르는 강물이, 언 강물이, 겨울바람에 넘어져 있었다. 고구마를 심었군, 바짝 마른 고구마 줄기 위에 상수리 나무 잎새가 서걱거렸다.

고구마 줄기보다 더 말라비틀어진 채로 돌아가신 어머니가 떠올랐다. 1987년 그해, 어머니가 돌아가신 그해, 행방불명된 작은형이 떠올랐다. 어떡하든 성공해야지, 삼촌만 믿는데이, 신장암으로 돌아가신 형수님이 떠올랐다. 반신불수, 요양원에 누워 있는 큰형이 떠올랐다. 숨넘어갈 때까지 소주를 찾았다던, 복수가 차오를 때마다 고통을 이겨내기 위해 소주를 찾았다던 아버지가 떠올랐다. 일찍이 심장병으로 돌아가신 매형이 떠올랐다. 아직도 식당 주방에서 허리 굽혀 일하는 누님이 떠올랐다. 나는 화장장 근처 밭두둑에 꿇어앉아 짧게 울었다. 그때 누군가 어깨를 두드렸다. 학이었다. 학은 담배를 건네주며 무심하게 말했다.

"아직 눈물이 남았나?"

낮은 구릉과 휘어진 강, 바람은 서북쪽에서 끊임없이 불어왔다. 학과 준과 훈, 이 세 사람의 공통점은 뒷모습이 쓸쓸하다는 거다. 담배 연기가 쓸쓸하듯, 세상 모든 아버지들 뒷모습이 쓸쓸하듯…… 내 뒷모습을 보고 누군가 또 쓸쓸하다고 얘기할지도 모른다. 그러기 전에 빨리 가야지.

사내들은, 아니, 인생이란 게 원래 쓸쓸한 거다. 겨울 같은 거다. 고구마 줄기처럼 외로운 거다. 그러나, 그 무덤에도 겨울 지나 봄이 오면 잔디가 푸르러 푸르러지듯, 저 들판 어디쯤에도 마늘 싹이 돋아나고 보리와 밀이 푸르게 푸르게 짙어질 것이다. 나는 한 그루 참나무를 생각했다. 나는 한 그루 소나무를 생각했다. 추울수록 나이테 촘촘해지는 소나무를 생각했다. 학은 한 그루 소나무 같은 짐승이었다. 누이를 보내는 두어 시간 동안, 화장장 근처에서 우리는, 우리 생을 다 살아버렸다. 순서 같은 것은 우스운 얘기다. 우리들은 저렇게 다 사라지는 것이다. 바람은 안에서도 바깥에서도 쉼 없이 불어왔다.

누나
거기에도
눈 와?
누나, 눈 와?

아니 여긴 누이 안 와

누−이 안 와?

…누-이, 첫눈 올 때쯤 떠난 누이 나라에도 눈이 올까

　　누나
　　여긴 누-나
　　폭폭 누이 와
　　푹푹 누이 와

　　　　　　　　　　　　　　　－안상학, 〈첫눈〉 전문

　그래, 당분간은 사라지지 말고 사라오자, 사라보자, 살아보자. 모든 것이 다 떠난 뒤에도 첫눈은 내릴 것이니, 모든 것을 다 잃고 난 뒤에도 첫눈은 내릴 것이니, 모든 것이 다 사라진 뒤에도 첫눈은 내릴 것이니, 그때, 우리 또 이렇게 얘기하자, 여는, 누이 온다, 내 누이 내려온다. 전생인 듯 살아온다.

　올가을(2011년), 이십 년 지기 서산 후배들과 학의 파트너인 내 안해와 안개주와 석양주와 별빛주를 폭탄으로 말아먹고 있는데, 전화가 왔다. 싸고 말끼다 학이다. 끼리까 안이다. 나는 이미 명정의 거리를 몽사취생으로 걷고 있었다.
　"뭐라, 《시사저널》하고 인터뷰를 한다고? 그기 나하고 무신 상관인데……?"

야식집 '밤안개' 앞에서 고래고래 소리를 높였다. 시, 서, 저, 널, 이라, 옛날에 시 쓰는 이문재가 근무한 적 있었지? 근데, 야가 지금 무슨 소리 하나, 필름이 끊겼다. 가을은 짧고 겨울은 길다. 늘 그렇다. 제 버릇 가이새끼 못 준다. 세 살 버릇 여든까지 간다. 술을 먹으면 가장 먼저, 가장 빨리, 가장 많이 먹는다. 내일 세상이 끝나 다시는 술이 생산되지 않을 것처럼 마셔댄다.

이제 쉰내가 난다. 썩은 내가 난다. 숨 쉴 때마다 견딜 수 없이 악취가 풍겨 나온다. 오줌을 지리고 똥칠까지 한다. 이쯤 되면 그만 끝내야 하리라, 그 무슨 미련이 남아 있어 가족을 친구를 후배들을 괴롭힐 것이냐. 세상을 더럽힐 것이냐. 이제 꿈자리마저 어지러운, 식은땀 흘리는 지질이가 되었구나. 종말처리장에서도 받아주지 않는 환경 재앙이 되었구나. 쥐박이보다도 못한 놈이 되었구나, 삼대 세습하는 위원장보다도 쩨쩨한 놈이 되었구나. 삼대, 사대 세습하는 재벌보다도 더러운 놈이 되었구나. 저, 최 뭐시기라고 하는 놈에게 달려가 맷값이라도 벌어야 되겠구나. 흥부마냥 밥풀 하나에 뺨 한 대 더 맞아야겠구나. 인생은 짧고 숙취는 오래 간다.

간신히 일어나 정신을 차리고 주위를 둘러본다. 안해는 야근이고 멀리 서울로 유학 간 딸아이는 시험을 앞두고 몸살감기다. 설거지와 빨랫감은 쌓여가고 고지서는 연체료가 붙고 은행에서는 카드빚 갚으라고 계속해서 문자에 전화질이다. 은행 이자만큼 책상과 노트에는 먼지가 쌓였다. 흐이구, 막다른 골목이구나. 갈팡질팡하다가 내 이럴 줄 알았지. 자, 빨리 유서라도 써놓고 마무리 짓자. 간신히 식은 밥 라면 국물에 말아 한술 뜬다. 이럴 때 끼리까 안이 옆에 있으면 얼마나 좋을까? 그리운 것은 먼 데 있고 외상 술값만 가까이 있구나.

"저번, 전화한 거 잊었나?"

"무슨 말인데……?"

"시, 서, 전을 한다니까."

"뭐? 시서저널?"

"이제 귀까지 먹었나?"

하긴, 요즘 병구가 되었다. 안해가 하는 말을 도통 알아듣지 못한다. 눈은 점점 흐려지고 기억은 흐리멍텅해지고 주름살은 깊어가고…… 정신 차려 듣고 보니, 안동 '문화예술의 전당'에서 시사저널이 아니라 시서전을 하는데 고릴라 니 이름을 넣어도 되겠느냐는 전화였다. 말하자면, 나는 영광이었다.

록이 모는 천리마를 타고 단숨에 제비원에 다다르자 강호의 고수들이 구름같이 모였다. 안동 숙맥들이 다 모였다. 면면들을 보니 문득, 공자님 말씀이 떠오른다.

'군자는 두루 통하고 편협하지 않지만 소인은 편협하고 두루 통하지 못한다.'

이 얼마나 절묘한 표현이냐. 나는 불현듯 숨고 싶었다. 얼굴이 붉어졌다. 술과 노래가 풍성했다. 안상학을 연모하는 옌네들도 꽤나 많이 꼬여들었다.

눈 밝은 사람들은 벌써 알고 있었으되, 학의 글씨는 이 땅을 닮았다. 글은 곧 그 사람이고 글씨는 곧 그 사람의 성품 아니던가. 눈썹내(그의 호 미천의 한글 호)는 헛, 그, 참, 내, 원······ 하며 겸손해했지만, 안상학은 원래 그런 사내다. 질박하고 진실하고 진솔한 사내다["기교는 손의 일이나, 여기에 마음이 실리지 않으면 버린 물건이 되고 만다. 가짜일수록 그럴싸하다. 진짜는 사람의 눈을 놀라게 하는 법이 없다. 덤덤하고 질박하다."-〈정민의 세설신어〉, '구안능지(具眼能知)' 해설 중에서].

그의 글씨는 천학(淺學)인 내가 봐도 꽃으로 피었다가 나무로 무성하며 강으로 흘렀다가 구름으로 흩어졌다. 산맥처럼 솟구쳤다. 바위처럼 뭉쳤다가 송곳처럼 예리했다. 절차탁마(切磋琢磨)란 여기에서 유래한 말씀이렷다. 섬으로 떠 있다가 바다 끝까지 깊어졌다. 그의 글씨는 노래였으며 한바탕 춤이었다. 한바탕 된 꿈 꾼 다음, 새벽 일찍 일어난 정한수였다. 눈썹처럼 휘어진 달과 강을 건너 저 광활한 우주로 사라지는 한 점 먼지였다. 눈과 비와 안개였다가 끝끝내 문밖에 나서는 바람이었다. 어찌 이 자리에서 서툰 붓으로 덧칠을 할 수 있으랴(이렇게 미사여구가 많은 문장은 가식이 많다는 증거다. 뜨거움이 식으면 내 몸 또한 식어갈 테니, 나를 용서하지 말라. 나도, 나를, 절대로 용서할 수가 없다).

다만, 학같이 외로운 사내여, 자네는 앓음다운 짐승이었으니, 아름다운 사내였으니, 삼도천 건너 그곳에서 다시 만나더라도 찬 이슬 소주잔 앞에 놓고, 첫사랑처럼 내리는 눈(누이), 한번 불러보자, 불러보자. 나는, 친구들은, 이 세상에서 자네를 만나 영광이었도다! 저기, 누이 온다. 올해 들어 첫눈 온다. 하늘붓은 저렇게 크고 꼿꼿한데, 부디, 내년에는 참지 말고 꼭 싸고 말그래이.

이나미

세상에서
가장 낮은 노래

언제나 지금 이곳, 우리가 잘 알면서도

짐짓 외면하고 있는 이곳의 아픔을 얘기하고 있다.

그들 편에 서 있다.

아니, 그들과 함께 산다. 모시며 살고 있다.

한없이 낮은 마음이다. 한없이 낮은 말씀이다.

ⓒ유보라

이나미 1961년 서울에서 태어났다. 서울예술대학 문예창작과, 고리키 문학대학을 졸업했고, 고려대학교 노어노문학과 박사과정을 수료했다. 1988년 〈서울신문〉 신춘문예에 당선하면서 작품 활동을 시작했다. 소설집으로 《얼음가시》, 《빙화》, 《실크로드의 자유인》, 《수상한 하루》, 《섬, 섬옥수(纖纖玉手)》 등을 펴냈고, 《톨스토이 악마》, 《바보 이반》, 《펭귄의 우울》 등의 번역서를 냈다. 소설집 《수상한 하루》에 수록된 단편소설 〈마디〉로 2008년 김준성문학상을 수상했다.

가끔, 그런 꿈을 꾼다. 시베리아 횡단열차를 타고 눈 내리는 러시아 대륙을 가로지르는 꿈을. 끝없이 이어지는 자작나무 숲, 그 숲 속에 통나무집 지어놓고 순록과 산양과 야크를 사냥하는, 늙었으나 완력이 센 사냥꾼을 꿈꾼다. 봉두난발의 머리와 짙은 눈썹, 얼굴 반 이상을 가리고도 남는 구레나룻, 숨 들이쉬고 내쉴 때마다 입김과 콧김으로 얼어붙은 콧수염과 턱수염, 야크의 어깨 근육과 호랑이의 앞가슴, 사자의 발과 치타의 허리, 하이에나의 이빨과 늑대의 순발력, 코끼리의 다리, 표범의 눈, 회색 곰의 장딴지, 그리고 단 한 번도 꺼진 적 없는 파이프의 담배 연기, 말은 없고 행동은 신중하며 웃으면 눈 쌓인 소나무 가지가 뚜둑 부러지는, 삼십 년이나 사십 년, 삼백 년이나 삼천 년 동안 여자를 안아본 기억도 없는 사내 중의 사내, 사냥꾼 중의 사냥꾼을 꿈꾼다.

마을에서 멀리 떨어진 숲 속에서 혼자 살며, 밥 같은 것은 신경 쓰지도 않고 배고프면 말려놓은 육포와 갓 잡아 김 모락모락 나는 짐승의 갈비를 장작불에 구워 통째로 뜯어먹는, 목이 마르면 물보다는 보드카를, 60도가 넘는 보드카를 병째로 나발 부는, 원시인 중의 원시인을 꿈꾼다. 따뜻한 밥과 가족들의 웃음소리와 포크와 나이프와 포도주, 김 나는 주전자와 간간이 들리는 텔레비전 소리, 이웃들과 친교 시간, 주말 예배, 쇼핑, 오페라 관람, 사방이 통유리로 툭 트인 전망대에서 맥주 마시기, 재래시장의 소란, 출퇴근길의 교통지옥, 뭐 이런 시시껄렁한 것은 우습다는 듯, 음악도 없이, 기타도 없이, 오로지 구식 장총과 엽총, 권총 한 자루, 굵고 짧은 칼, 장총보다 더 무거운 도끼, 늑대보다 더 사나운, 그러나 주인에게는 한없이 순한 개 서너 마리를 사랑하는, 추위보다 더 혹독한 겨울을 사랑하는, 숲 속 괴팍한 사냥꾼을 꿈꾼다.

밤새 눈이 내려 통나무집 작은 창문까지 쌓이고 늑대 울음소리도 눈 속에 묻혀 들리지 않을 무렵까지 올무와 덫, 총렬을 닦고 조이고, 깎고 다듬는, 몇 억 년 눈이 내려 통나무집도 묻히고 세상도 묻히고 이 은하가 모두 사라지고 난 뒤에도 눈구덩이를 뚫고, 아무 일 없었다는 듯 툭툭 털고 다시 사냥을 나가는 단순 무식한 사냥꾼을 꿈꾼다.

그리하여 나는 꿈꾸어왔다. 블라디보스토크나 사할린, 홋카이도 최북단 왓카나이 항과 캄차카 만을 오르내리는 대게잡이나 참치잡이 하급선원이 되는 꿈 말이다. 고향도 없다. 가족도 없다. 언제 어디서 어떻게 태어났는지도 모른다. 선원들만 상대하는 항구의 싸구려 창녀가 어머니인지도 모른다. 어쨌든 폭포와 파도, 눈보라와 망망대해, 독주와 악다구니, 주먹다짐과 담배 연기가 나를 키웠는지 모른다. 과거가 없었듯이 미래의 전망도 없다. 혹한의 거친 바다에서 하급선원으로 산다는 것은 목숨을 담보로 내놓을 때만이 가능하다.

있다면 오로지 현재, 오늘, 지금, 이 순간만이 존재한다. 앞날에 대해선 단 한 번도 걱정해본 적이 없다. 마실 만큼 원 없이 마셨고 살 만큼 원 없이 살았다. 저축을 해본 적도 없다. 돈은 일한 만큼 받고 항차(航次)가 끝나면 항구에서 다 써버렸다. 여자와 술, 담배만 있으면 그것으로 끝이다. 죽음에 대한 두려움도 없다. 11월에서 1월 사이 북풍이 불기 시작하면 얼음 섞인 집채만 한 파도가 배를 덮친다. 일엽이면서 편주인 인생에서 두려울 게 무어 있으랴.

바다에서 태어났으니 바다에서 죽는 건 당연하다. 독주를 들이켜면서, 럭키스트라이크 밑동까지 빨아들이면서 바다 속으로 곤두박질치면 그것으로 끝이다. 얼굴도 이름도 모르는 어머니의 품으로 돌아가는 것이다. 아낄 것이 있는 사람만이 두려움을 느낀다. 바람아, 더 불어다오, 더 거세게 때려다오. 파도는 내 심장 한복판으로 돌진해 찢어 발리고도 길길이 뛴다. 돌진하겠다. 더 광포하게 날 때려다오. 나는 내 심장을 칼로 도려내어 소금 찍지 않

고 날것으로 삼키고 싶다. 눈이여 내려다오. 더 흉포하게 내려다
오. 바다뿐만 아니라 지상의 모든 문명을 덮어다오. 내린 눈 무게
때문에 바다에 떠 있는 모든 섬들이 가라앉을 때까지 내려다오.
내려다오. 가능하다면 눈 내리는 바다에서 죽고 싶다. 눈으로 만
든 수의를 입고 눈으로 만든 뗏장을 덮고 눈 속에서 가라앉고 싶
다. 눈 속에서 썩어 하얗게 알 까고 싶다.

  그러나 꿈과 현실은 얼마나 먼가. 꿈을 꿀 수 있을 때가 가장 행
복하다고 했다. 봄은 정녕 오기는 하는 걸까. 때는 삼동도 아주 깊
어 하루 걸러 한 번씩 눈이 내려 쌓이는 때였다. 입방정 떠는 걸로
하자면 누구에게도 진 적 없는 나팔수들은 백 년 만의 폭설 운운
할 때였다. 갈팡질팡, 좌불안석, 안절부절못하는 현실을 어떻게든
떨쳐버리려고 짐을 쌌다.
  더 이상 무너지기 전에, 더 이상 흐트러지기 전에, 더 이상 병이
깊어지기 전에 나는 내 자신을 한번 중간정리하고 싶었다. 꼭 한
번만이라도 명징하게 살고 싶었다. 뚜렷하게 살고 싶었다. 내 자
신을 감싸고도는 안일함, 평온함, 뜨뜻미지근한 삶을 박차고 저
원시의 삶을 한번 살고 싶었다. 얼마나 많은 잡생각으로 베갯머리
피 묻은 침을 발라 이겨댔던가. 더 큰 아파트, 더 성능 좋은 차, 더
유명해지고 싶은 비열한 욕망, 이 모든 오욕칠정의 사바세계를 단

일합으로 제압하고, 새벽에 처음 돋는 별처럼, 어머니가 맨 처음 우물 길어 올린 정한수처럼, 비나리처럼, 맨 처음 돋아나는 복수초처럼, 청매화처럼, 흰 그늘 등짝에 짊어진 나비처럼, 다시 한 번 태어나고 싶었다. 바다는 진정시키고 산은 각성케 한다. 나는 우선 산을 택했다. 각성제를 먹고, 맑은 정신으로 내 자신을 들여다보고 싶었다.

강원도의 산은 아름다웠다. 앓음다움(박상륭)이었다. 그곳에서 매일 걸었다. 비틀거리며 걸었다. 넘어지면서 걸었다. 울면서 걷고 웃으면서 걸었다. 미친놈처럼 걸었다. 강물은 내가 걷는 속도로 흘렀다. 언제는 친구였고, 언제는 스승이었고 언제는 무섭게 회초리 쳐댔다. 언제는 역류했다. 나는 얼어붙은 강가에서 오래 앉아 있었다. 검은 머리 물떼새였나. 그 추운 강물 속에서 자맥질을 하며 밥을 먹고 있었다. 발가락은 보지 못했다. 한 열두어 번 자맥질하면 한 번 성공하는 듯했다. 암놈과 새끼들은 멀리 있었다. 제비 새끼 입 벌리듯 노란 주둥아리 벌리고 힘없는 가장의 귀가를 기다리는 중이었다. 그곳에서 달이 두 번 단식하여 볼 홀쭉하게 빠지고, 두 번 임신하여 배불러오는 동안 오로지 걷는 것으로 눈길을 더럽히고 다녔다.

그곳에서 이나미를 만났다. 정확하게 얘기하자면 나는 이나미를 잘 모른다. 한 다리 건너서 만났다는 얘기다. 내 옆방에는 소설가 K가 울부짖고 있었고(그는 산골 출신인데다 노총각이었다), 또 한 방 건너서 뒤늦게 입방 신고한 시인 J가 눈 내리는 밤을 쥐어뜯고 있었다. 복도를 사이에 두고 강 쪽으로는 티 없이 맑은, 그러나 머리카락은 모시 바구니처럼 허옇게 센, 시인 H형이 한 생각 공안(公案)을 붙잡고 가부좌 틀고 있었다. J가 대학 다닐 때, 이나미는 그 대학 조교였다고 소개 받았다.

첫인상은 앙팡졌다. 작고 통통했으나 눈매가 만만치 않았다. 고양이 같았다. 고양이에 대해 한 생각 깨우친 장 그르니에 같은 분과, 평생 눈에 대해 좌선을 하고 꿈꾸었던 이브 본느푸아 같은 분들에 대해서는 그냥 넘어가도 모양새가 괜찮을 터이다. 한없이 신중하지만, 먹이를 발견하는 순간, 찰나의 시간에 사냥감을 포획하고 마는 고양이, 누구에게도 꼬리치지 않고, 고독하고 쓸쓸한 자기 자신을 응시하는, 고독을, 사색을, 삶을 알고 있다는 표정도 드러내지 않는 그런 눈빛이었다.

한때는 좋은 가정에서 태어나 별 사건 없이 잘 컸던 소녀였을, 주름살도 없고, 구김도 없는 소녀였을, 그러나 삶은 평등한 것 아닌가. 누구랄 것도 없이, 남들만큼 겪고, 상처받고, 앓으면서 이나미도 지천명을 숨 가쁘게 넘기고 있을 터였다. 그러고도 나는 이나미를 모른다. 그가 등단한 지 어언 이십 년이 넘었고, 이름만 들어도 알 만한 사람은 다 아는 유명한 사람의 이름을 딴 문학상을 받았고, 모스크바 한복판 고리키 문학대학을 졸업한 재원이라는 것은 나중에 알았다. 그랬어도, 평탄한 세월에 같이 합류하지 못하고 이런저런 대학에서 보따리장사하는, 만년 적자 인생의 주인공이라는 것도 나중에 알았다. 알았다고 해서 진정 다 안 것인가. 묻고 싶다. 뭘 알았다는 것인가. 나는 그의 작품도 이름도 기억하지 못할 정도로 띄엄띄엄 읽었을 뿐이다. 그러니 지금 쓰고 있는 이 발문은 함량 미달일 뿐이다. 자격 미달일 뿐이다. 용서해달라는 말은 차마 하지 못하겠다.

 나는 현장을 좋아했으나 흰 손을 갈망했고, 누추를 가장했으나 햇빛을 욕망했고, 가난을 사랑했으나 편안하고 아늑한 삶을 추구했다. 용맹정진을 소망했으나 마음은 늘 저자에 있었다. 지천명이 넘었지만 가끔 추악한 욕망에 접질려 수음이나 해대는 가여운 중생이었다. 해탈은, 득도는 멀리 있는 어떤 눈꽃이었다. 상고대였다. 애초에 글러먹은 인생인 것이다. 얼마나 비열하고 옹졸한 삶이었는가. 이젠 반성하고 무릎 꿇는 일마저 일상이 돼버린 것이다. 상투야말로 가장 먼저, 단칼에 목을 쳐 없애버려야 할 그 무엇 아니었던가. 나는 상투와 삼류와 반복되는 술주정으로 이 세상을 버텨온 것이다. 이건 더러운 짓이다. 이건 비겁한 짓이다. 이건 사내로서 차마 할 짓이 못 되는 것이다. 감정의 과잉처럼 천박한 것이 어디 있으랴, 저 내설악 깊은 골짜기, 아무도 없는 어떤 골짜기에 숨어들어 천 년 한(恨)하고 숨죽여 정진하는 바위를 베개 삼아, 짧은 인생 단독 투하, 목숨을 끊는 일이 그중 수월하기도 할 것이다.

그러고 보니, 나라는 짐승은 어중간한 짐승이었다. 가슴 한복판에 불을 가지고 있되, 그 불을 피우는 방법도 그 불을 끄는 방법도 모르는 숫중이었는지도 모른다. 그래, 어차피 삶은 이런 것이었다. 아무것도 모르고 좌불안석, 갈팡질팡, 안절부절못하다가 꾀꼴락 숨 넘길 때 아차! 그건 아니었지? 후회를 해보지만, 이미 때는 늦었다는 것! 그것인지도 모른다.

그래서 누차 그렇게 떠벌려댔는지 안다. 번뇌는 별빛이다! 벌레는 별빛이다! 번뇌는 단칼에 먹을 따 숨을 끊어놓아야 한다. 그 푸들푸들 떨리는 저육(猪肉)을 한 석 달 열흘간 가마솥에 삶아, 수육을 건져내, 이슬보다 맑은 소주와 함께, 새우젓 찍어, 마늘과 청양고추 듬뿍 싸 한 입에 털어 넣어야 할 재수 없는 그 녀석 아니었던가. 번뇌는 소주였다. 번뇌는 저육이고, 번뇌는 새우젓이고, 번뇌는 마늘이고 고추이고 상추쌈이었던 것을, 그 무슨 서책을 안주 삼아 눈사람을 탑처럼 쌓고 있었던가, 있었던가. 밤바람은 차고 매웠다. 바늘 끝이 되어 파고들었다.

우리는 그러니까 그 길 끝에서 만난 슬픈 나그네들이었다. 가슴에 화로나 숯불을 품고 사는 짐승들은, 어떤 식이건, 그것을 차게 식혀서, 골통 담배 두어 봉다리 품고 새벽 어스름 닭 우는 소리에 화들짝 놀라, 또 하루를 이렇게 탕진하고 말았구나, 가슴을 칠 때, 그 무엇이든 뜨거운 물만 부어주면 가슴 부풀어 속곳까지 열어주고 살 벌리는 컵라면 하나 정도만 있어줘도 비록 토굴 속이지만 진수성찬 부러울 게 없을 것이다.

포장마차와 선술집과 대폿집은 멀리 있었다. 재래시장과 잔술집과 구멍가게는 멀리에 있었다. 속초까지는 미끄러운 미시령이 가로막고 있었다. 우리는 가까운 인제 막걸리나 이홉 들이 소주 한두 병에도 환호작약했다. 막걸리는 눈빛이었다. 눈빛은 막걸리였다. 소주는 얼음빛이었다. 새벽빛은 소주였다. J와 K, 좌장인 H형, 그리고 나는 늘 취했다. 필름이 끊어질 때까지 마셨다. 왜냐하면 눈은 끊이지 않고 거듭 내려 쌓였기 때문이다. 눈은 필름이 없었다. 언제나 살아 펄펄 뛰는 대형 화면이었다.

이나미는 취하지 않았다. 나름대로 열심히 마셨으나 취하지 않았다. 중요한 일을 앞두고 있는 사람처럼 긴장하는 눈빛이었다. 고백하자면 나는 술 먹지 못하는 여자는 가까이하지 않는 편이다. 같은 자리에 앉는 것도 피한다. 또, 무슨 말로 우리 술꾼들의 엉망

진창인 풍경을 필름 돌리듯, 재생하지 않겠는가. 술 먹는 풍경은, 술 깨는 순간, 사라지는 것이다. 제발, 재생하지 마라. 당신이 재생해야 할 것은 술자리가 아닌 고군분투하는 삶의 현장 아닌가. 제발 취해서 횡설수설하는 것 가지고 발목 잡지 마라. 그래도 술 좋아하는 사람들은 착한 것들 중에 하나다. 그들은 경마도, 도박도, 골프도, 경륜도, 로또도, 4대강 막개발도, 포클레인도, 주식도 잘 모른다. 알면서도 싫어한다. 그들은 평화를 사랑한다. 화평을 신봉한다. 제발 따지지 마라. 마약도, 코카인도, 대마도 하지 않는다. 오로지 국세 납부에만 헌신하고 헌신한다. 이 정도면 봐줄 만하지 않는가. 그냥 흐이구 가여운 것들, 하면서 넘어가면 얼마나 좋은가.

이나미는 J와 K, H형, 그리고 나까지 다 넘겨주었다. 저 눈꽃 같은 존재들, 자작나무 가지 같은 존재들, 쯔쯧 어쩌면 좋을까! 하고 넘어갔다. 죽봉으로 내리치고 싶을 때도 있었지만 나도 느그들 마음 정도는 헤아릴 수 있다고 눈감아주었다. 속 넓은 '엔네'였다. 북천이었다. 내린천이었다. 한강이었다. 서해였다. 그렇다면 그 마음은 어디에서 올까?

여기에서 이나미의 소설을 얘기해야 옳다. 아니다. 이나미의 삶을, 이나미의 마음을 헤아려야 한다. 왜 쉬운 길을 버리고 어려운 길을 택했을까. 왜 세상 가장 낮은 사람들과 함께 뒹굴고 있는가. 왜 약자들 편에 서서 함께 울고 함께 웃고 함께 괴로워하는가. 고통스러워하는가. 소통하려 하는가.

나는 여기에서 거칠게, 갑자기 말머리를 돌려 한마디 하겠다. 강단에서, 서책을 화두 삼아 삼천대천세계(三天大千世界) 피사의 사탑을 쌓아 올리면서 석·박사 따고 강단에서 교수 행세하며 폼 잡고 있는 사람들에게 한마디 하겠다. 당신네들 공부 정말 제대로 했냐? 해본 적 있냐? 당신들이 정말, 제대로 공부했다면, 세상이 왜 이 모양 이 꼴이냐? 당신들이, 정말 가슴 깊이, 뜨거운 마음으로 공부했다면, 이 세상이, 왜, 이런 꼴로 흘러가겠느냐, 이 쉼표 많은 문장은, 애끓는 사람들의 숨소리다. 가래 끓는 소리다. 해소기침 소리다. 약 못 먹고 쿨럭거리는 소리다. 숨넘어가기 직전 소리다.

당신들이 라캉을 공부할 때 나는 우물을 파서 '노깡(土管, 시멘트나 흙을 구워서 만든 둥글고 큰 관)'을 묻었고, 자크 데리다를 공부할 때 '자크' 달린 바지를 다렸고, 뤼시앵 골드만을 공부할 때 24골드 또는 화이트 골드로 반지와 귀걸이와 목걸이를 만들었고, 당신들이 두보를 공부할 때 두부를 넣어 매운탕을 끓였으며 이백을 읊조릴 때 이백 번, 삼백 번 망치질을 했다. 못을 박았다. 못 박혀 죽어, 거듭나려고 발버둥 쳤다.

현장에서 주름살 키워온 경험으로 또 한 번 반복하겠다. 단 한 번도 당신네들을 믿은 적이 없다. 이건, 내 목숨을 걸고 하는 말이다. 당신들은 약자를 베개 삼아 코 골고 자는 뜨뜻한 안방의 단잠들이다. 약자 편에 서달라고 읍소하지 않겠다. 다만 약자를 짓밟거나 괴롭히지 말라는 거다.

거칠게 얘기하마. 고추 고랑 하나 파는 데도 8만 4천 번의 들숨과 날숨과 땀이 필요하다. 강요하지는 않으마. 꼭 시간 나면, 저 낮은 곳에 가서 삽과 괭이를 쥐고 흰 손을 한번 움직여보시길, 그 땀에서 나는 원시의 냄새를 꼭 한번 맡아보시길, 이건 상투도 아니고, 삼류도 아니고, 당신들이 입만 벌리면 똥구린내 나는 혓바닥으로 강설해온 진리였다는 사실을, 누구보다, 당신들이 더 잘 알고 있을 게다. 새삼스러운 발언이 아니다.

불편하면, 나를 엎어라. 기꺼이 죽어주마. 나는 더 이상 바랄 게 없는 사람이다. 과장은 목도리도마뱀이나 하는 짓이다. 이나미는 언제나 지금 이곳, 우리가 잘 알면서도 짐짓 외면하고 있는 이곳의 아픔을 얘기하고 있다. 그들 편에 서 있다. 아니, 그들과 함께 산다. 모시며 살고 있다. 한없이 낮은 마음이다. 한없이 낮은 말씀이다.

찬술 먹고 더운 말 많았구나. 죄송하다. 죄송하고, 죄송하다. 이제부터 이나미 소설을, 이나미의 노래를, 본격 논해야 할 차례다.

하지만 잘못 말했다. 본게임 한번 하려는데 심판, 옐로카드 먼저 내민다. 경고한다. 다시 한 번, 횡설수설하면 아웃이란다. 레드카드 나오면 경기장을 떠나야 한다. 떠나기 전에, 최선을 다해야 한다. 얼마나 웃기는 얘기인가. 최선을 다하다니! 이건 너무 많이 봐 왔던 대사 아닌가! 우리는 최악을 다해야 한다(박용하의 시). 이나미는 최악을 다해 견디고 있다. 하수구 사이에 말라붙은 토사물처럼, 하수구 속에서 밥을 구하는 서생원처럼, 서생원에 기생하는 벼룩며느리처럼, 이 세상을, 간신히, 정말, 숨도 쉬지 않을 만큼 최악을 다하고 있다.

아시는가, 당신네들은? 소설 쓰기의 참담함을, 소설 쓰기의 잡스러움을! 나는 이나미를 대신해 마지막 말을 하지 못하고 있다. 다만, 운동화 끈 물어뜯을 놈들(이정록의 시)이라고 표현할 수밖에 없겠다. 나도, 당신들만큼 배우려고 노력했다. 글로 아니라, 책상이 아니라, 몸으로 배우려고 노력했다. 마루 밑 운동화 끈 물어뜯을 놈들은 개 새끼밖에 더 있겠느냐? 높은 공부 한 사람일수록 여기 한 치에 오차도 없었다. 주인에게는 순종하고 손님에게는 으르렁거렸다. 이빨 세웠다. 한 점, 달콤한 먹이에 꼬리 내렸다. 주는 먹이 때문에 묶여 있는 줄도 몰랐다. 그걸 몰랐다고 얘기하지는 말자. 먹이가 풍족하면 개들은 언제나 사슬을 잊는다.

꽃이 피어도, 강물이 흘러가도, 그 강물 속에서 구름이 노 저어

가도, 갈대와 버들강아지가 춤을 춰도, 물고기가 튀어오르고, 청둥오리나 쇠백로가 하늘 높이 이륙을 해도, 나뭇가지가 새순을 틔우고, 세상 만물이, 하느님이 정한 대로 각자 자기 색깔로 물들어, 노을이 지고, 해와 별이 운항을 시작해도, 우리 지구촌에 노래를 못하는 유일한 종족이 무리지어 숨 쉬고 있었으니 바로 운동화 끈 물어뜯을 놈들이었다. 그들은 노래할 줄 몰랐다. 애초에 노래가 없었다. 짖는 것으로 한 생애를 다 허비하고 말았다. 돌이켜보니 나도 짖고 말았구나. 깨갱거리고 말았구나. 소리 높여 울고 말았구나. 짖는 것이 노래였구나. 우는 것이 노래였구나.

  병이 깊은 짐승들은 햇빛을 못 견뎌 했는데, 대낮의 희디흰 소란을 못 견뎌 했는데, 햇빛 알레르기가 있어 모자나 안경이 없으면 눈물이 줄줄 흘렀는데, 피부가 바알갛게 물집이 잡혔는데, 낮에는 토굴 속에 웅크리고 누워 있다가 어스름이 내리면 함께 모였다. 우리는(만해마을 집필실에 입주한 작가들) 모두 어둠을 사랑했다. 어둠의 자식들이었다. 어둠이 오면, 10리나 20리쯤 버선발로 뛰어가 맞아들였다. 포근했다. 푸근했다. 살맛이 났다. 할 수 있다면 어둠 속에 양수 쌓여 한 생애 다 가도록 옹알이를 해도 견딜 만했다.
  그때, 정말, 저 아득한 심연에서 거짓말같이 노래가 솟구쳤다.

수직으로 솟구쳤다. 수평으로 스며들었다. 사선으로 침투했다. 눈속에 파묻혀, 모든 공간과 시간이 정지된 채, 그 모든 소음과 소리가 파묻힌, 완전한 폐쇄와 적막 속에서 돌연, 한 회오리바람이 일어 비탈을 지키는 나무를 휘돌아, 내설악 쪽으로 혼불 나가듯, 뭉텅, 빠져나가는 옷고름이 있었으니, 동편제였고 서편제였고 경기민요였다. 우리는 화들짝 정신을 차렸다.

해마다 겨울방학이면 제비 새끼 같은 제자들을 이끌고 동안거에 들어오는 소리꾼 선생 일행이었다. 그 열두엇 제자들은 초등학생에서 고등학생까지 참 푸르게 엎질러졌는데, 그 소리라는 것은 강물 같은 것이어서, 갈대의 뿌리를 더듬는 강물 같은 것이어서, 갈대의 우듬지를 귓불 간질이는 바람 같은 것이어서, 돌의 사타구니를 쓰다듬는 강물 같은 것이어서, 눈사태를 자신의 요니(yoni)에 집어넣는 강물 같은 것이어서, 서편으로 서편으로 흐르는 무덤 속 호곡 같은 것이어서 차마 제정신으로 들을 수가 없었다.

그 소리 공부는 준엄하다 못해 매웠다. 회초리나 청양고추 같았다. 삶은 무나 호박처럼 어둠을 감싸고 흐느적거리는 우리에게 죽장으로 한 대 매섭게 내리치는 폭포였다. 시퍼런 정신이었다. 해가 떠서 이울고 별이 떠서 달에게 바통을 넘겨줄 때까지, 저 소리의 회초리는 누울 줄 몰랐는데, 성대결절에서 피 솟구친 울음, 서너 되는 쏟아내고야 말 고단한 일정이었다.

끊어질 듯 이어질 듯, 솟구쳐 올랐다가 잦아드는 소리를 먼 꿈처럼, 얼음장 속 강물 소리로, 눈보라를 휘감고 올라가는 바람 소리로 들으면서 우리는 모두 반성하고 또 반성했다. 엎드렸다. 낮게 엎드렸다. 절하면서 우리는 항복했다. 항복하면 행복해지는 거 아니냐. 앞뒷발 다 들었다. 졌다. 어린 소리꾼들의 열정에 우리는 힘 한번 제대로 써보지도 못하고 속절없이 무너졌다. 단 한 줄도 쓰지 못했지만, 적어도 하나는 배운 셈이었다.

어떠한 문장도, 저 어린 소리꾼들의 노랫가락을 잡을 수 없을 것이다. 애간장이 녹는다는 말은 여기서 나오는 것일 게다. 부모 그늘에서 한창 재롱을 부릴 나이에 어쩌면 저렇게 한 인생, 곡진한 삶을 어루만지며 흐를 수가 있는지 도대체 이 세상 사람 같지가 않았다.

우리는 반성과 후회의 몸부림으로 술잔을 잡았다. 술이 없었다면 동북쪽으로 진부령을 넘어 바다 속으로 투신을 하든가 서편으로 강을 따라 어떤 아편쟁이 밑에 의붓자식으로라도 등록해야 이 삶은 끝날 것이다. 그렇게 달이 차올라 둥그렇게 만삭의 배를 뒤뚱거리고 있을 무렵, 열두어 명의 제자들의 동안거가 끝이 났다. 우리 작가들은 반성과 후회의 마음을 담아 정성을 모았다. 무조건 빌고 싶었다. 자수하고 싶었다. 아이들에게는 치킨과 과자, 음료

수를, 스승과 조교에게는 막걸리와 소주와 맥주를 그득 부어드렸다. 십시일반, 아무도 거절하는 사람이 없었다.

우리는 진정 어린 마음으로 보따리를 풀었다. 경배하는 마음으로 석별의 정을 아쉬워했다. 시인은 시낭송을 했고 불문학을 전공한 소설가는 샹송을, 영문학을 전공한 교수는 팝송을, 국문학을 전공한 학과장은 가곡을, 또 전직 전교조 출신 선생은 중남미 노래를 했다. 그사이 눈은 소리 없이 내리다 그쳤다. 파란 별들이 가없는 하늘 바다를 숨죽여 운행하고 있었다.

우리들의 답가에 저 똘똘한 제자들은 〈사랑가〉, 〈흥보가〉, 〈춘향가〉, 〈적벽가〉를 넘어 최병걸과 심수봉까지 이르렀다. 우리는 다시 한 번 감동했다. 어떠한 문학도 저 노래를 넘지 못한다는 것을, 사람이 내장 끓여, 삭혀, 끌어올리는 목소리야말로 어떠한 문학작품도 흉내 내지 못하는 최상의 작품이라는 것! 저자에 떠돌아다니는 삿된 말 중에 진정한 명창이 되려면 윗구멍보다 아랫구멍이 먼저 열려야 한다는 소문도 있지만, 나는 저 폭포 같고 호수 같고 강물 같고 바다 같은 소리에 걸신들려, 아랫구멍으로 질금질금 오줌이나 지리고 있었다.

그때, 사람 하나 건너 자취 없이 앉아 있던 이나미가 노래를 했다. 처음에 그 노랫소리는 너무 작고, 너무 낮았다. 너무 조용하게 시작해서, 다시 새벽 눈이 내리나 싶기도 했다. 그것은 자작나무 숲 속을 휘돌아 백담사 비췻빛 계곡으로 달려가는 눈보라 꼬리인 듯했다. 돌의 이마를 쓰다듬고 물결 주름을 다림질하고 푸른 소나무 봉침마다 먼지 털고 달아나는 바람의 깃털 같기도 했다. 저 무한 천공을 날아가는 백학의 날갯짓 소리였다.

나는 가끔 생각하지
피로 물든 들녘에서 돌아오지 못한 병사들이
잠시 고향땅에 누워보지도 못하고
백학으로 변해버린 듯하여

그들은 옛날부터 지금까지 날아만 갔어
그리고 우리를 불렀지
그래서, 우리는 자주 슬픔에 잠긴 채
하늘을 바라보며 말을 잃은 건 아닐까?
(우우우우~ 우우우~~)

날아가네, 날아가네 저 하늘의 지친 학의 무리들
날아가네 저무는 하루의 안개 속을
무리 지은 대오의 그 조그만 틈새

그 자리가 혹시 내 자리는 아닐는지

그날이 오면 학들과 함께
나는 회청색 어스름 속을 끝없이 날아가리
대지에 남겨둔 그대들의 이름을
천상 아래 새처럼 목 놓아 부르며
(우우우우~ 우우우~~)

다들 아시다시피, 이 곡은 SBS 드라마 〈모래시계〉 테마곡으로 잘 알려진 노래 〈백학(Crane)〉이다. 흔히 러시아 노래로 알고 있지만, 옛 소련군과 맞서 싸우다 스러진 체첸 반군을 추모하는 노래다. 캅카스는 러시아 남부, 카스피해와 흑해 사이의 험준한 산악 지역에 속한다. 심한 경우에는 골짜기 하나를 사이에 두고 종족도 언어도 다를 정도로 230여 민족이 모여 살아 '인종의 전시장'이라 널리 알려져 있다. 이를 두고 창조주가 언어를 나누어줄 때, 갑자기 눈보라가 휘몰아치는 바람에 그만 가지고 있던 자루 속의 언어가 쏟아졌기 때문이라고 다케스탄공화국의 위대한 민족시인 라술 감자토비치 감자토프는 해학적으로 말했다. 캅카스 산악 지대의 자연, 풍속, 사랑, 우정을 노래하며 러시아 시단에서 큰 인기를 얻고 있는 감자토프는, 이러한 배경 속에서 민족색이 짙은 서정시 〈백학〉을 썼다. 제2차 세계대전 때 다른 캅카스 전사들과 함께 직접 연합군의 일원으로 참전해 싸운 적도 있는 감자토프의 시에는 그 행간 행간에 피에 물든 아픔이 짙게 배어 있다고 한다.

바로 그 시를, 바로 옆에서, 원어로 부르는 노래를, 나는 처음 들었다. 우리들 중 아무도 러시아어를 몰랐지만, 후렴구는 약속이나 한 듯 따라 했다. 저 가녀린 엔네는, 어쩌자고 적막 깊은 겨울밤을 이토록 흔들어놓고 말았는가. 축소와 확장을 거듭하는 혈관이 저릿저릿했다. 막막했다. 먹먹했다.

노래는 끝나고 이별주도 동이 나고 모두들 눈 쌓인 만해학당을 뒤로한 채 숙소로 향했다. 그때 구름 비낀 달이 얼굴을 내밀었던가. 겨울잠 자는 반달곰 코 고는 소리가 들렸던가. 전나무 숲에서 후두둑 쌓인 눈이 떨어졌던가. 모르겠다. 노래는 얼음장 속 강물과 같아 오래도록 우리들 가슴속에 남아 있었다.

어쩌자고 저 가녀린 엔네는, 상처 많은 짐승은, 세상 낮은 곳에 눈물 한소끔 더 보태고 있단 말인가. 눈은 물을 찢고 피어난 꽃이다(정진규). 그렇다면 노래는 눈물을 찢고 솟아오른 나무 아니던가. 나뭇잎을 거름 삼아 흘러가는 강물 아니던가. 잔돌의 뒤척임으로 길고 긴 꿈속을 유영하는 바다 아니던가. 물고기의 신음 소리로 안개 피어올린 구름 아니던가. 근육질 구름의 땀방울로 세상을 갈아엎는 대지의 쟁기꾼 아니던가. 빗줄기에 벌 쏘여, 덩굴손 뿌리에게 뺨 얻어맞은 땅속 벌레들의 통증이 아니었다면, 정녕 봄은 어디서 온단 말인가. 봄은 얼마나 먼 곳에 있는가.

단언코, 이나미는 소설을 쓰는 사람이 아니라, 소설을 앓고 있는 사람일 것이다. 그래서 앓음다운 짐승인 게다. 어쩌면 고양이로 태어나기 전에 작고 눈 까만, 초식동물이었는지도 모른다. 그렇지 않다면, 언제나 진행형인, 불통투성이 세상에서 온몸으로 울부짖지는 않을 것이다.

이번 소설집 《수상한 하루》에 수록된 소설 중 〈집게와 말미잘〉에서는 식당을 운영하다 망한 사내의 충동적인 살인과 그 사내를 사이버 세상에서 사랑하는 마트 계산원인 여자가 등장하며, 〈자크린느의 눈물〉에서는 저 대구 지하철 화재사고로 숨진 장삼이사들의 눈물겨운 삶이 등장한다. 삼풍백화점 붕괴, 성수대교 붕괴, 위도 카페리호 침몰, 최근 천안함 폭파 사건들로 숨져간 수많은 생명들을 떠올리면 우리나라는 후진국일 수밖에 없다.

개인적으로 가장 마음 아팠던 소설은 〈지상에서의 마지막 방 한 칸〉과 〈푸른 푸른〉이었다. 〈지상에서의 마지막 방 한 칸〉에서 장마철, 혼자 사는 여자 주인공이 변비에 시달리는 땅거북 미니를 관장해주는 장면은, 가짜 세계와 화해를 거부하고, 끝까지 순정한 삶을 지켜내려는, 소통의 그리움을 암시하고 있었다. 〈푸른 푸른〉에서는 군대의 심각한 폭력, 특히 고참들의 성폭행을 견디지 못하고 자살한 남동생을 끌어안고 애소(哀訴)하는 장면에서 끓어오르는 분노를 주체할 수가 없었다. 얼마나 많은 젊은이들이 희생되어야 정신을 차리겠느냐.

이 짧은 혓바닥으로 이나미의 소설을 어떻게 다 이야기할 수 있으랴. 한 사람의 딸로, 한 지어미로, 한 할머니로, 한 대지의 자궁으로, 현묘한 암컷으로 끊임없이 노래하며 울음을 삭힐 것이다. 죽음보다 긴 외로움을, 오로지 앓는 것으로, 아파서 견딜 수 없을 때까지 버틴, 견뎌낸, 이나미의 소설 말미에 이 중언과 부언은 후안무치이다. 무지몽매다. 용서할 수가 없다. 오오, 죽음을 넘어, 눈보라를 헤치고, 피비린내를 뚫고, 날아가는 백학이여! 세상 가장 낮은 곳으로 스며드는 노래여!

김해자

끝나지 않은 노래

다만, 핏물을 먹 갈아 새긴 시는 알아볼 수 있다.

눈물을 먹 갈아 조각한 시는 들을 수 있다.

살점을 치며 쓴 시는 달게 먹을 수 있다.

그러면서도 잘난 채하지 않는 시.

그러면서도 배운 티 내지 않는 시.

땀 그물로 끌어올린 정직한 시.

너무 많이 아플 때는 소리 내지르는 것도

사치에 불과하다는 것을 아는 시……

ⓒ이강산

김해자 1961년 전남 신안에서 태어나 목포에서 자랐다. 고려대 국어국문학과를 졸업하고 미싱공으로 일하며 인천에서 노동자들과 시를 쓰기 시작했다. 1998년 계간 《내일을 여는 작가》에 시 〈여자, 강바닥 같은〉 외 5편으로 등단했고, 같은 해 소설 〈최명아〉로 제8회 전태일문학상을 받았다. 2008년 시집 《축제》로 백석문학상을 수상했으며, 시집 《무화과는 없다》와 민중열전 《당신을 사랑합니다》를 펴냈다.

옛날 옛적 하느님 왼손 닮은 어떤 분이 허구한 날 새끼를 꼬면서 도를 터득해 중생을 제도했다는 말 들은 적 있는 분들, 또 부처님 반 토막 닮은 어떤 스님이 평생 나뭇짐을 지고 머슴살이하는 것으로 한 공부, 높은 공부 하셨다는 말 들은 적 있는 분들은 대충 짐작들 하시겠지만, '시월 찬 이슬보다 맑은 눈물'이라는 긴 이름을 가진 추장님(우리 친구들끼리는 작가회의 사무처장 김해자 시인을 그렇게 불렀다)은 이름에 걸맞게, 저 늦가을 하늘 바라보며 흔들리는 억새마냥, 낭창낭창한 면도 없지 않지만(속을 들여다보면 철근 뼈가 들어 있기도 하거니와), 붉은 말 위에 화살을 두르고 사슴 가죽 머리띠에 독수리 깃털 하나 꽂으면 영락없이 인디언 부족장 딸이라고 해도 고개 내저을 사람 많지 않겠지만, 일찍이 직관의 달인 김정환 형님이, '표독과 눈물'이라는 말씀으로 단박에 꿰뚫어보신 적도 있는 양반인데, 한 삼십 일 하고도 삼 일이 넘게 새벽까지 찬 소주 떠놓고 용맹정진을 해도 막상 이 양반을 언제 만났는지 기억이 흐리마리하는구나.

이것은 틀림없이 밥보다 더 많이 상시 복용하는 싸구려 술과 빈

약한 안주 탓이 틀림없거니와, 이제 소슬한 바람에도 무릎부터 시려와 습기에 약한 몸부터 시작해서, 엉덩이 근육은 내려앉고 머리칼은 삿갓배미˙에 진눈깨비로 내리다 간밤 추위로 얼어붙은 숫눈처럼 퍼슬러지고, 눈은, 은퇴하기 직전의 늙은 작부집 옌네 앞치마에 애처롭게 매달려 사는 폐병쟁이 기둥서방처럼 흐릿해져, 당최 어제가 와서 오늘로 이어져 내일로 흘러가는 저 뜬구름 하나 바라보지 못하는, 끝내 끊지 못한 골방 속 담배 연기처럼 흐릿하게 물크러져버리고 말았으니, 이제 막배 떠나기 전에 부둣가에 나가 어느 부잣집 이바지 짐이라도 날라다 주고 탁배기 한 잔 얻어먹은 다음, 한없이 출렁이고 뒤척이며 홀로 피 흘려 저물어가는 저녁놀이라도 실컷 바라보고 앉아 있어야 되겠다. 배 그림자 따라 좁은 주름살이 넓게넓게 파문 그리며 퍼져 나가는 파도를 따라가면, 하얀 등대가 보이고 등대 너머에는 안개인지 섬인지 구름인지 육지인지도 분간 못 할 둥그런 수평선이 휘어져 있고 수평선과 하늘이 만나는 지점에는 언제나 엷은 먹물이 번져 있어 가뜩이나 마른 눈을 짓뭉개는 속세의 인연들이, 아수라 화탕지옥의 소란함이 휘이잉 바람을 몰고, 뼛속 깊이 스며드는 것이었다.

● 삿갓처럼 생긴 논배미.

그해 여름은 몹시도 더웠다. 늦봄부터 시작해 하루 걸러 사나흘씩, 비는 내려 오랜 막노동에 시달린 관절염을 적시기 시작했는데, 뜻밖에도 좋은 인연으로 신문 연재 제의가 들어와 덜컥 수락을 하긴 했지만, 가뜩이나 짧은 호흡과 약한 문장으로 밤낮없이 코피 쏟아 심신이 극도로 피폐해졌을 무렵이다. 남들도 다 하는 글 쓰는 업, 춤추는 사람처럼 즐거이, 밤늦게 노니면서도, 둥기둥덩덩 잘도 찍어내던 걸, 그 무슨 세상이 내게 준 가장 독한 형벌이라고 인상 박박 쓰며 끙끙대기를 수천 번, 그동안 서너 계절이 탄식 간에 흘러갔다. 얼마나 힘들었는지 소설 쓰는 한창훈에게 경배하듯 말했다. 앞으로 나는 스포츠신문에 에로소설을 연재하는, 한때 삼류 작가라고 은근히 백안시했던 사람들한테도 맹세코 험한 말을 하지 않겠다고, 존경하지는 않겠지만 결코 무시하지도 않겠다고 쉼표 꼭꼭 찍어 다짐한 적 있었다.

태풍이 몇 번 지나가고 여름휴가가 막바지에 이를 무렵, 후배 시인에게 연락이 왔다. 만리포에서 전국 노동자 문학 대회를 하는데 참가해달라는 것이었다. 태어나서 이날 이때껏, 몸으로 할 수 있는 일과 몸으로 할 수 없는 일까지 두루두루 안 해본 일이 없었지만 항상 겉으로만 돈 내겐 더할 나위 없는 기회였다. 무엇보다 이곳은 십 년 넘게 웃고 울면서 뒹굴었던 내 구역(?) 아니던가. 아무도 그렇게 믿지 않겠지만, 빚을 갚을 절호의 기회였다.

모기가 극성스럽게 달려들던 홍익대 수련원에서 행사는 무사히 끝이 났다. 전국에서 한달음에 달려온 사람들과 쉽게 헤어지기 싫어 송경동 시인에게 은밀히 이별주 제안을 했다. 고생한 집행부와 평소 보고 싶었던 정혜주·윤동수·이인휘·정화진·안재성·김해자를 비롯해 알짜 멤버(?)들만 조용히 빠져나오라고 귀띔하고 고개 너머 모항 바닷가에서 일행을 기다렸다. 산을 깎아 펜션을 만든 지역 공무원 하나를 질근질근 씹으며 담배를 두어 대 꺾고 있는데, 낡은 봉고차를 선두로 와자지껄 여러 대의 차들이 방파제를 지나 맨 구석에 자리 잡은 횟집으로 달려오는 것이었다.

아뿔싸! 큰일 났구나! 나는 박복하게 튀어나온 내 아가리를 쥐어뜯고 싶었다. 예상 인원보다 서너 배는 많은 사람이었다. 그때나 지금이나 해산물은 귀한 손님이 왔을 때, 일 년에 한두 번 먹는 그야말로 귀한 음식이었다. 그러나 되돌리기엔 때가 늦었다. 그래, 제사 덕에 이밥 먹고 원님 덕에 나팔 한번 불어보자.

곧 폭포처럼 쏟아지는 술자리가 이어졌다. 그 야단법석은 섬 수국이나 해당화나 깎아지른 바람벽이나 뒤늦게 도착한 파도 알갱이가 충분히 알아들었을 것이다. 모두들 자랑스레 받아놓은 소주병을 마이크 삼아 즉석 공연이 시작되었는데, 장르를 넘나드는 음악과 국적을 알 수 없는 무용 공연에도 유독 한 사람만이 보살처럼 정신 차리고(취했지만 취한 척하지 않고) 고고하게 앉아 있었으니, 그가, 오늘의 주인공, 김해자 시인이었다.

시인의 차례가 되어 노래를 불러야 되는데, 주위에서 모두들, 부용산! 부용산! 합창을 하며 연좌 농성에 들어가는 게 아닌가. 두어 번 손사래를 쳤으나, 드디어 단정한 입매에서 한 줄기 바람이, 서서히 빠져나가는 썰물을 따라 서쪽 바닷가를 적시기 시작했는데, 모항도 파도 깊이 스며들기 시작했는데,

   1. 부용산 오 리 길에 잔디만 푸르러 푸르러
      솔밭 사이사이로 회오리 바람 타고
      간다는 말 한마디 없이 너는 가고 말았구나
      피어나지 못한 채 병든 장미는 시들어지고
      부용산 봉우리에 하늘만 푸르러 푸르러
   2. 그리움 강이 되어 내 가슴 맴돌아 흐르고
      재를 넘는 석양은 저만치 홀로 섰네
      백합 일시 그 향기롭던 너의 꿈은 간데없고
      돌아서지 못한 채 나 외로이 에 서 있으니
      부용산 저 멀리엔 하늘만 푸르러 푸르러

                                -〈부용산〉, 박기동 시, 안성현 곡

그리고, 촛농 흘러내리듯 소리 없이 눈물이 양 볼을 타고 흘러내렸는데, 소설가 정혜주 씨의 핀잔에도 아랑곳하지 않고 우리는 모두 소리 없이 울었다.

저 노래는 1996년 가을이었나, 원주 단구동 박경리 선생님 너른 마당에서 들은 적 있다. 이름하여 대하소설 《토지》 완간 기념 잔치. 지나간 자리에 뒷손 하나 털 것 없는 한창훈과 지나간 자리에 어지러운 토사물만 남기는 내가 일주일째 허드렛일을 할 때였다. 마지막 날, 전국에서 몰려온 구름 같은 사람들과 뒤풀이를 하는데, 우리는 하나둘 떨어지는 감나무 그늘 아래에서 숨죽이며 들은 적 있다. 지금은 돌아가신 명천(鳴川) 이문구 선생께서 2부 사회를 맡은 정현기 선생의 마이크를 뺏어 "지하 나와라", "지하 나와라" 해서 들은 노래였다. 역시, 명성 그대로 김지하 선생의 〈부용산〉은 멀리 치악산 골짜기까지 들어찰 정도로 낮고 굵고 그득 찼다. 김지하의 〈부용산〉이 동편제의 그것이라면 김해자의 〈부용산〉은 굽이지고 휘어지고 에돌아 나가는 남도 땅 강 가장자리 흐드러지게 핀 억새 같았다. 서편제 한 자락이었다.

일찍이, 늦게 눈떠, 늦게 세상 밖으로 나와, 운 좋게 수많은 가객을 만났으되, 그들은 내 스승들이었으니, 지리산을 품고 산 사람들의 영혼을 어루만지는 박두규부터, 세상 서러움을 통째로 안고 사는 박남준, 내포 지방 성인 가요를 주름잡고 있는 이정록, 안학수, 통기타 하나 들고 7080 선두 주자라고 자처하는 박철, 영산강이 낳은 탁월한 소리꾼 이수행, '너를 보내는 들판에 마른 바람이 슬프고'를 호곡하는 손세실리아와 이병초, 남자라는 이유 꼭 하나만으로 세상의 짐을 모두 지고 걸어 나온 안상학, 항하사(恒河沙), 나유타(那由他), 무량대수(無量大數)의 술꾼 이경철, 이미 재 너머 골짜기에 묻힌 박영근, 윤중호를 비롯해 이 땅에 태어나 노래 하나로 귀신을 불러 모으고 귀신을 울게 만드는 여러 가인들을 만났으나, 김해자의 〈부용산〉은 또 다른 맛이었다.

그것은 아이를 먼저 보낸 어미의 속울음과, 동시대의 친구를 불구덩이로 밀어 넣은 쓰라림과, 부모를 고려장할 수밖에 없었던 딸자식들의 서러움이, 자기 자신과 아무런 연고도 없지만, 더 나은 세상을 위해 현장에서 쓰러져간 무수한 사람들에 대한 안쓰러움이 섞박지로 박혀, 아주 오묘한, 이상한 화음을 이루었는데, 모르겠다. 그냥 그것을 이슬이라 하자. 봄비, 여름 안개, 가을 소소리 바람이라고 하자. 눈보라 수수꽃이라 하자. 뜬구름이라 하자. 무엇보다 그가 자라 이날 이때껏 살아온, 몹시도 여의기 어려운 바다 냄새라고 하자.

그리하여 바다는 안쓰러움의 총본산이다. 저 산등성이 얼음 한 조각에서부터 시작해, 꼿꼿하게 서서 절명하신 주목을 거쳐 내려와, 첩첩 단풍 드는 잎사귀 하나, 잎사귀 하나 끝에 달린 이슬, 이슬방울 먹고 사는 가재 한 마리의 고독, 고동 두어 마리의 외로움, 버들치 서너 마리의 쓸쓸함이 모두 안쓰러움이다. 물봉선이 그렇고 소쩍새가 그렇고 민들레가 그렇고 산비둘기가 그렇고 자운영이 그렇고 강둑에 매어둔 염소가 그렇고 용소에서 이무기 되기를 기다리는 메기가 그렇고 은어가 그렇고 쏘가리가 그렇고 삼단머리 나풀대며 쑥 캐고 보리밭 매고 가을걷이하고 나뭇짐 져 나르는 우리 누님들이, 일보다는 술주정 하나로 주름 키워온 남정네를 보듬고 사는 어머니들이 모두 안쓰럽다.

  강은 속절없이 넓어져, 사공 부르는 소리가 안쓰럽고, 멀리 시집 간 딸들을 그리는 막내고모가 안쓰럽고, 징용 간 큰 아들을 그리며 한평생 마늘밭 고추밭 매는 외할머니가 안쓰러운 것이다. 미싱사로, 재단사로 창신동·신길동·제기동·용두동을 휘돌아, 인천하고도 변두리 하코방으로 흘러갔던 무수한 우리 사촌동생들이 안쓰러운 것이다. 풀빵 하나로 견뎠던, 라면 하나로 버텼던 초등학교 동창 분임이·옥순이·미자가 안쓰러운 것이다. 빵 공장으로 버스 조수로 가방 공장 시다로 요꼬 공장 책임자로 팔려 갔던 인철이·관옥이·정근이·진수·종완이·갑식이가 안쓰러운 것이다. 현무도 성효숙, 무대 뒤에 떨고 있는 기현이, 성(聖)이계숙, 이현관,

강창선, 이상현, 진성민, 이미혜, 최명아, 김주리, 부윤숙, 배달호, 십정동 마찌꼬바 박사장, 김선일, 시인 조영관, 김명운, "공부 열심히 해. 돈 걱정 말고 누나만 믿어라" 생산 2과 김정례(나는 〈승천〉이라는 시를 읽고 몇 번이나 목이 메어 울컥댔다)가 심장이 타 들어가듯 안쓰러운 것이다. 일찍이 가족들을 부양하기 위해, 외항선을 탄 이모부·외삼촌·고종사촌 들이 안쓰러운 것이다. 오대양 육대주를 누빈 억센 사나이들이 안쓰러운 것이다. 주름살이 안쓰러운 것이다. 갈라 터진 손마디가 안타까운 것이다.

오오, 번뇌의 이슬을 가죽 부대 가득 담고 태어난 업장이여(저 멀리 캐나다 설산에서 모국을 안타깝게 바라보고 계실 박상륭 선생 어법[•]으로). 하고 많은 생명 중에, 오직, 울 수밖에 없는 어머니여, 누이여, 딸이여, 그대는 울음으로밖에 얘기할 수 없느니, 울음 발원지라고나 할까, 울음 호수라고나 할까. 강 같은 울음이라고나 할까, 폭포 같은 울음이라고나 할까. 끝내 울음이 범람하여, 울음의 바다로 익사할 수밖에 없는 운명으로 태어났으니, 내 어찌, 당신, 다 짜고 난, 말라비틀어졌다고 생각했을 때 다시 젖이 돌아, 젖몸살 앓는, 당신, 눈물주머니에 주둥이 들이박아 젖 빨지 않을 수 있겠는가.

• 쉼표가 많고 끊어질 듯 이어질 듯 한량없이 흐르는 장문을 말한다.

그리하여 사내들이여, 수태가 끝난, 폐경기 지난 주모라 하더라도 세상의 주막집에서 서둘러 일어서지는 말지어다. 이 오지랖 넓은 엔네는, 술 고픈 사람에게는 술을, 배고픈 사람에게는 밥을, 혹 가다가 몸이 고픈 사람에겐 간과 쓸개와 내장을 몽땅 떼어준 사람이기에, 새벽마다 정한수 떠놓고 별을 향해 기도하던 대모지신이었기에, 빨아먹고 빨아먹어도 마르지 않는 찬 샘이었기에, 끝나지 않는 암컷의 가장 나아종 밑자리라고 감히 불러도 어색하지 않겠지비? 삼천대천세계의 큰 구멍이라고 이두박근 삼두박근 울끈이 불끈이 흰소리 쳐대도 비웃지 않겠지맹? 암 그렇고말고.

해서 맨 처음 바닷가로 함께 나가보자. 바다는 습기가 다 빠져나가면 드디어 숨이 넘어가는데, 이 한 죽음으로 바다가 끝난다면 우리의 살림살이가 너무 허전하지 않겠나. 그 죽음은, 죽음을 넘어, 거듭 다시 살아나, 소금이나 모래, 사막 같은 것들로 재생하기 마련인데, 김해자의 눈물은 안쓰러움이 소멸한 자리에서 다시 태어난다는 미덕이 있다는 것, 마지막으로, 자신을 버린, 뭇 사내들에 대한 연민도 다 끌어안고 있다는 것, 그렇다면 우리가 밤이 너무 깊어 장 파하고 손님 끊겨 곧 기울어져 문 닫을 것 같은 이 주막에서 한 소절 흥얼대면서 끝을 낼 수밖에, 또다시 새벽을 기다릴 수밖에, 자기 분노에 자기 자신을 태운 사내들도, 어깨 완강한 근육들도, 저런 오사할 놈, 육시를 하고도 남을 놈, 호랑이가 콱 물어 가도 남을 놈이라고 입에 거품을 물고 욕을 하는 욕쟁이 할머니 집, 이 오랜 단골집 버리지 못하고, 비척거리며 나와, 짧고도 긴 인생, 멀리 오줌발 한번 세우고, 흠칫 소름 한번 떨어볼 일이다. 봉두난발 마구 흔들며 미나리 꽝에 처박혀, 평생 철야 근무 중인 별빛 달빛 안주 삼아 〈비 내리는 고모령〉, 〈봄날은 간다〉, 〈목포의 눈물〉 같은 노래를, 무슨 금방 목을 따 붉고 뜨건 피, 콸콸 쏟으며 죽어가는 저육 한 마리가 몸부림치듯 악 쓰고 볼 일이다. 자기 그림자에 놀라 컹컹 짖으며 달아나는 강아지처럼 하늘 보며 꺼이꺼이 짖어볼 일이다.

불쌍하구나, 너여. 불쌍해서 아름답구나, 나여. 너이면서 나인 우리 그림자여. 쑥 버무려 알통 세운 종아리에 나무 한 짐, 겉보리 서너 말 지고, 20리 장날 돈 사와 겨우 갈치 한 토막, 비린 자반고등어 두어 손밖에 들고 돌아올 수밖에 없으니, 무시 밥에다 식은 고구마, 김장김치에 쌈 싸 먹고 긴 겨울 밤 옹송거리며 목 길게 빼어 힘없는 가장(家長) 기다리는 식솔들의 곱은 손을 어찌 다 건사할 것인가. 건사하기는커녕, 길고 긴 봄 여름, 허리 휘어 경작한 안다랭이 논배미 죽도록 훑어내어 가을걷이했으나, 장리 내어 지난겨울 목 풀칠한 이자 서너 냥, 갚지 못한 무심한 세월의 연속이니, 저 대책 없는 술주정이, 속수무책인 신세타령이, 이루지 못한

산 사람들의 꿈 세상이, 결국, 가죽 씌워 이 세상에 태어난 짐승들의 울부짖음이었구나. 울부짖음이 노래였구나. 살림이었구나. 시였구나.

이 세상 모오든 노래는 고통 속에서 나온 것이다. 상처를 가진 사람만이 노래를 할 수 있는 것이다. 나는 여기까지 오는 동안 김해자의 시에 대하여 단 한 마디도 하지 않았다(앞서 간신히 몇 마디 하긴 한 것 같은데 영 기억이 나지 않는다. 이것은 필시 오랫동안 앓아온 주부 우울증과 알코올성 치매 때문이리라). 말하고 싶어도 할 수 없는 자리가 있다는 것을 뒤늦게 깨달았기 때문이다. 더 낮은 자리에서 말할 수 있는 사람들이 많아 두렵기 때문이다. 다만, 핏물을 먹 갈아 새긴 시는 알아볼 수 있다. 눈물을 먹 갈아 조각한 시는 들을 수 있다. 살점을 저며 쓴 시는 달게 먹을 수 있다. 그러면서도 잘난 체하지 않는 시, 그러면서도 배운 티 내지 않는 시, 땀 그물로 끌어올린 정직한 시, 너무 많이 아플 때는 소리 내지르는 것도 사치에 불과하다는 것을 아는 시…… 김해자의 시.

온 생애, 눈물을 통째로 매달고 사신 어머니, 어머니는 숨넘어갈 때도 끝내 아무 말씀 없었다. 바다가 이 세상 뭇 생명들을 품어 모시고도 아무 말씀이 없는 것처럼.

박남준

먼 바다에서 온
물봉선

그의 슬픔은 뿌리가 깊어 인간 존재의 근원에까지

실뿌리가 뻗쳐 있다. 아픈 허리가 휠 정도로 많은 일을 한

그가 얼마나 격렬한 고통을 가슴에 숨기고 있는지

아무도 모르기 때문이다. 그의 오체투지, 면벽수행이

아주 투명한 사리로 빛날 때까지 말없이 지켜보기나 하자.

ⓒ김정효

박남준 1957년 전남 법성포에서 태어났다. 1984년 시 전문지《시인》에 시를 발표하며 작품 활동을 시작했다. 시집으로《세상의 길가에 나무가 되어》,《풀여치의 노래》,《그 숲에 새를 묻지 못한 사람이 있다》,《다만 흘러가는 것들을 듣는다》,《적막》,《그 아저씨네 간이 휴게실 아래》가 있고, 산문집으로《작고 가벼워질 때까지》,《꽃이 진다 꽃이 핀다》,《별의 안부를 묻는다》,《박남준 산방일기》 등이 있다.

그 눈길을 걸어 아주 떠나간 사람이 있었다.

눈 녹은 발자국마다 마른 풀잎들 머리 풀고 쓰러져

한쪽으로만 오직 한편으로만 젖어가던 날이 있었다

- 박남준, 〈눈길〉 전문

박남준을 떠올리면 우선 눈물부터 난다. 눈물 속에서도 사악하고 비열한 인간은 자기 식대로 슬픔을 해석하고 자기 설움에 젖어 눈물을 흘린다. 내가 그런 인간이다. 언제 남을 위해 눈물 흘려보았던 적이 있었던가. 남들이 다 겪어온 평범한 삶을 살아내면서도 내 고통이 더 크고 힘들었다고 엄살을 떨고 과장스런 몸짓으로 주위 사람들에게 불편을 주었던 게 사실이다.

박남준을 생각하면 눈물이 나는 두 마디 풍경이 있다. 지금은 없어진 다리골의 우리 집과 1985년에 행방불명된 작은형이 그 그림이다. 처음 박남준이 사는 모악산방을 올라가며 나는 깜짝 놀랐다. 아니, 이럴 수가! 아무리 우리나라 산세가 특별한 데가 없고 비슷하다고 하지만 이렇게 같을 수가 있단 말인가. 올라가면서 오른쪽으로 다랑이논이 있는 것을 빼놓고는 수룡골에서 내려오는 계곡물 하며 낙엽송과 감나무, 오동나무가 어우러진 집터와 계곡을 따라 무리지어 살고 있는 물봉선과 그 주위를 에워싸는 칡넝쿨·다래넝쿨·개망초·산나리, 흙보다는 돌이 더 많은 작은 길을 올라가면 아, 마당 가운데 박힌 돌과 집이 앉은 방향, 개울 건너 나즈막한 등성이까지 쏙 빼닮았다. 저 집으로 돌아가기 위해 얼마나 발버둥을 쳤던가. 얼마나 많은 길을 헤매면서 울었던가.

　간경화로 아버지가 쓰러져 송산리 뽕나무 밭 위에 묻히고 연이어 어머니까지 힘없이 돌아가시고 난 뒤 농협 빚을 갚을 때까지 십 년이 넘게 고향 땅에 발을 붙일 수가 없었다. 저승사자보다 더 무서운 게 빚이었다. 삼 년 전(1995년) 원금의 세 곱절에 이르는 이자까지 다 갚고 난 뒤에야 가까스로 성묘와 벌초를 할 수 있었다. 비가 간간이 내리던 그해 여름 벌초하고 술 따르고 절하고 난 다음 둘러본 집터는 완전히 폐허였다. 본채는 누군가 뜯어가 잡초가 무성하고 나무 널이 쟁여져 있던 아랫채 한 귀퉁이가 몰락한 집안을 간신히 버티고 있었고, 마당에는 염소가 몇 마리 평화롭게 풀을 뜯고 있다가 갑작스런 인기척에 놀라 달아났다. 내가 나서 부모님 피 빨아먹고 자라면서 초등학교를 졸업했던 곳, 내 가족과 동무들과 동네 사람들이 일하고 뛰어놀던 곳, 그때와 다름없이 감나무·오동나무·낙엽송 들은 더 큰 그늘을 드리우고 부엌이 있던 곳에 으름 넝쿨이 우거져 으름이 주렁주렁 매달려 커가고 있었다. 저 달개비꽃은, 저 달맞이꽃은 그때의 내 얼굴을 기억하고 있을까. 감나무를 휘어 감고 올라가는 으름 넝쿨과 칡넝쿨을 잘라내며 나는 한없이 울었다. 온 집터를 다 뒤져 밥그릇 하나를 발견한 나는 마치 부모님의 유골인 양 깨끗이 닦아 품에 안고 내려오면서 언젠가는 기어코 오리라, 기어코 집을 지으리라, 복원하리라 다짐했다. 그 일이 결코 내 생전에 이룰 수 없는 일이라 하더라도 내 혼이, 내 뼈가 반드시 돌아오리라, 와서 이 집터를 지키리라 다짐하고 또 다짐했다.

어렸을 때 큰형은 무슨 이유에서인지 부모님과 의절을 하고 살아서 존재를 몰랐고, 누나는 일찍이 대처로 식모살이를 떠나 명절에나 볼 수 있었으므로 나는 다섯 살 터울인 작은형과 놀고 싸우고 일을 했는데, 형은 무엇이든 잘했다. 곱슬머리에 키가 늘씬한 형은 부드러운 중저음으로 노래를 잘 불러 동네 아가씨들 마음을 설레게 했고, 콩쿠르에 나가면 솥단지나 양은냄비를 가끔 타왔다. 특히 배호와 김추자를 좋아했다. 형이 초등학교를 졸업하자마자 저수지 막는 공사에서 잡일을 해 번 돈으로 마술처럼 라디오를 사왔을 때 우리 가족은 모두 환호성을 내질렀다. 나중에 라디오가 카세트 달린 고급으로 바뀌었을 때 형이 처음 사온 테이프도 김추자와 배호였다.

 또한 일을 할 때도 아버지와 나는 거칠고 대충대충이었지만 형은 꼼꼼했다. 장산이나 수룡골에 나무를 하러 갈 때도 우리는 가시쟁이 넝쿨 가리지 않고 두루뭉술 지고 왔지만 형은 어머니가 불을 지필 때 편하라고 쭉쭉 뻗은 나무만, 가시가 없는 참참한 나무만 골라 해왔다. 깔(꼴)을 벨 때도 작은형은 부드러운 윗 대 쪽으로만, 억새나 우동대같이 소가 잘 먹는 풀로만 베어와 잡풀투성이 깔망태인 나를 기죽였다.

 이렇게 나는 박남준을 대하면서 내 식대로 해석한다. 박남준이 각시처럼 조용조용 설거지할 때나 화전을 부치거나 목욕을 할 때, 정지에서 군불을 땔 때, 나무를 해오거나 텃밭을 맬 때, 특히 김추자나 배호를 들을 때 작은형을 보는 것이다. 전북 장수에 가서 벌초를 하거나 성묘를 하고 가능하면 모악산방을 들렀다가 오는 이유가 여기 있다. 다 쓰러져가는 모악산방을 보면서 우리 집을 떠올리고, 노래하는 박남준을 보면 지금은 죽었는지 살았는지 행방불명된 작은형을 떠올린다.

 1960, 70년대는 다들 어려웠지만 초등학교를 졸업하고 도시로 올라와 온갖 밑바닥 생활을 전전하고 끝내 장가도 못 가고 사라진 작은형, 용산역 화장실에서 노숙자들과 마지막으로 생활했다는

작은형, 반신불수였다는, 그래도 소주병을 밥처럼 들고 다녔다는, 나 하나만이라도 잘되길 빌면서 책값 밥값 용돈이 되어주었던 작은형, 나는 형이 무연고 시체가 되어 해부학 수업에 쓰여지지 않았을까 하는 터무니없는 상상을 하면서도 혹시 다시 살아나 박남준이라는 인간으로 환생을 했나 우기고 싶은 마음이 들기도 한다.

지금(1998년) 온 나라가 다 떠내려가고 있다. 욕망으로 쌓아올린 바벨탑을 위해 빚을 내왔고 이자를 갚기 위해 또 빚을 둘러대야 하는 판국에 물난리까지 났다. 당연한 수순이다. 우리가 우리의 편함을 위해 생각 없이 쓰고 버렸던 것들이 다시 살아나 복수를 하는 것이다. 개발과 성장이라는 명분 아래 찢고 할퀴고 더럽혔던 자연이 물과 불과 가뭄과 바람으로 앙갚음을 하는 것이다. 오존층에 구멍이 뚫리고 바닷물이 덥혀지고 해수면이 높아지는 이유가 모두 인간의 무분별한 욕망 때문이다.

너무 엉뚱한 이야기 같지만 해결책은 박남준에게 있다. 그는 우리나라에서 몇 안 되는 연간 에너지 소비량이 가장 적은 사람 중에 하나다. 침수 걱정할 집도 떠내려갈 차도 책임지고 먹여 살려야 할 부양가족도 없고 신문도 없고 텔레비전도 없고 수돗물도 없는 곳에서 산다. 하루에 두 끼 먹을 때도 있고 한 끼 먹을 때도 있는데, 그나마 장정 숟가락으로 두어 번 뜨면 없어질 정도로 적은

양이다.

 적게 먹은 만큼 똥도 적게 싸는데 그마저도 아궁이에서 나온 재와 함께 호박 구덩이나 텃밭으로 돌아가니 도무지 버릴 게 하나도 없다. 거름 문제 해결을 위해, 오는 손님들에게 제발 집에 가서 싸지 말고 여기서 해결하고 가라고 부탁할 정도다. 치약 대신 구운 소금을 쓰고 설거지에도 모래나 재를 쓰고 빨랫비누나 세숫비누도 다 물에 잘 풀어지기 때문에 버들치 살아가는 데 별 지장이 없는 용량을 쓴다. 이런 일들이 무슨 환경 친화 운운하는 관념론자 얼굴 알리기가 아니라 타고나길 그렇게 타고난 사람이다. 머리만 안 깎았을 뿐 스님도 이런 스님 보기 힘든 세상에 그가 살아 숨쉬고 있다.

 그렇다고 그가 궁색이나 떠는 가난뱅이는 아니다. 그는 누구보다도 부자다. 장가는 안 갔지만(결단코 못 가지 않았다) 버들치 30여 마리가 자식으로 등록되어 있고 복수초와 물봉선과 진달래와 산나리와 온갖 산새 들이 그의 가족이며 감나무·오동나무·낙엽송·도토리나무 들이 그의 식구다. 또한 배 다른 청설모와 다람쥐와 곤충 들이 그와 함께 잠들고 비 오면 비 오는 대로 눈 오면 눈 오는 대로 바람 불면 풍경 소리 울리는 대로 그를 둘러싼 해와 달과 구름과 별 들이 모두 그의 혈연이며 그 많은 책과 담배와 음반과

술병 들이 그의 직계존속이며 유산상속 대상자다. 장구와 꽹과리는 물론 노트북과 만년필과 밥솥과 된장독, 그의 메시지를 들으려고 일부러 전화하는 사람이 많은 녹음 전화기는 그의 처가붙이다. 그런데 뭐가 외롭다고 그 청승이며 그 나이에 흑흑대냐 이 말이다.

장가 문제만 해도 그렇다. 내가 이 글을 쓰기 위해 며칠 전에 모악산에 들렀더니 한낮 매미 소리 쟁쟁한 개울에서 빨래를 하는데 알몸이었다. 청동 같은, 백시멘트 가루 섞어 비벼놓은 황토 같은, 눈비에 탈색된 상수리나무 잎 같은, 버들치 새끼 같은, 햇된장 같은 피부에다 그 잘생긴 물건을 덜렁이며 마당으로 방으로 빨랫줄로 한참 바쁘게 돌아다니고 있었다. 고희를 넘기고도 법성포를 지키며 살고 있는 홀어머니께서 땀땀이 바느질해 만든 한복을 빨아 널어 풀을 먹인 다음 자근자근 밟아서 다듬이질을 하는 마흔두 살 먹은, 등이 아담하고 예쁜 사내를 상상해보라. 모악산방에서 한참 올라가면 문수암이라는 절이 있고 거기에는 고시생도 몇 명 있어 동네 사람들 내왕도 심심찮은 곳에 거시기를 덜렁대고 그 무슨 나체족이라고, "빨리 옷 못 입어" 큰소리를 쳤더니 볼 테면 보라고 거풍에는 옷 벗고 돌아다니는 게 제일이라고 되받는다. 쓸 구멍도 없는 거시기에 거풍은 무슨 거풍, 흐흐, 우리는 웃고 술 먹고 목욕했다.

그러니까 그의 몸에는 아무런 문제가 없다. 박남준은 지극히 정상이다. 왜냐하면 모악산에서 흐르고 흘러 서해에서 만난 물고기들이 증언을 해주었다. 달 밝은 날 박남준이 외로움을 참지 못해 소나무를 부여잡고 용두질을 했는데 어찌나 기운이 센지 그 기운이 개울까지 뻗쳐 나가 자기들이 거기서 태어났다고, 우리 아빠 만나면 잘 자라고 있으니 걱정하지 마시라고 전해달라며 백세주를 다섯 병이나 사주었다.

머리에 서리가 일찍 내려앉아서 그렇지 인물 좋지, 학벌 좋지, 노래 잘하지, 시·서·화에 능통하지, 도대체 뭐가 문제냐 이 말이다. 가끔 가다 술 먹고 돌아오는 길에 전봇대마다 머리를 들이박는다든지, 볼펜으로 자기 이마를 찍어 피철갑을 만든다든지, 춤과 노래가 지나쳐 병원에 입원하는 경우가 있긴 하지만(16밀리미터 단편영화 같은 이 장면은 한창훈 소설집 《가던 새 본다》에 실렸던 발문인 다음 꼭지 〈한 도보 고행승에 대한 중간 보고〉에 자세히 설명해놓았으니 여기서는 생략한다) 박남준이 주위 사람들에게 피해를 준 적은 거의 없다. 문학하는 사람치고 이 정도의 성격 결함(?)은 누구에게나 있고 그 또한 자연스러운 일이다.

어떤 지독한 상처를 받았는지 모르지만 그는 아직도 기다리고 있다. 그의 시와 산문에 자주 등장하는 그리운 님은 만해의 님도 아니요 소월의 님도 아니요 윤동주나 이육사의 님도 아니다. 추측하건대 어떤 여자에게 지독한 배신을 당한 건 아닌지 모르겠다. 결론을 내리자면 장가를 안 간 것은 확실히 그 자신만의 문제이고, 어떤 뜻으로 보면 그것을 즐기는 게 아닐까. 그쪽으로 몰고 가면 박남준은 사디스트보다 마조히스트에 가까운 인물이다. 수많은 여자들을 애태우고 울려서 좋은 일 무어 짜드라 있겠는가. 반성하고 반성해도 이 부분은 절대로 용서하지 말아야 한다.

죄는 지은 대로 가고 공은 닦은 대로 간다면 박남준이 지은 죄는 평생을 다해 속죄해도 갚을 길이 없다. 그가 남자를 좋아하고 남자 중에서도 선별해서 잘난 남자를 가까이하면서(소문과는 달리 박남준은 철저하게 사람을 가려 좋아하는데 우선 순위를 매기자면 그림쟁이를 제일 좋아하고 스님들과 음악하는 사람들이 다음을 잇고 글쟁이들은 맨 꼴찌다. 글쟁이들이 맨 나중인 이유는 잘난 체를 잘하고 부담이 많기 때문이라고 한다. 말은 이렇게 하지만 사람 인연이란 게 얼마나 독한지, 자신이 마음에 들지 않는, 천성이 여린 박남준은 끈질긴 사람 인연 때문에 소주 마시면서 마음 아파하고 속으로 운다) 그의 얼굴 한 번 보기 위해 수많은 낮과 밤을 애태운 끝에 찾아온 여자들을 물리친 비열한 행동을 생각하면 죽어 지옥 가는 행로는 당연하다. 지옥에서 날마다 벌어지는 살벌한 풍경이 무섭다면 지금이라도 속죄하는 마음으로 선업(善業)을 쌓아가길 간절하게 바란다.

다시 빗줄기가 굵어졌다. 가야산이 뿌옇게 가물거리고 천수만 쪽으로 펼쳐진 드넓은 들판이 모두 바다처럼 물이 넘실거린다. 구제금융에다 물난리까지 겹친 요즈음, 늘 고통받는 사람들은 힘없고 뒷줄 없고 가난한 백성들이다. 인쇄소에서 일하는 동료들과 출판사에 밥줄을 걸고 있는 분들, 그리고 무엇보다 나무들에게 갚을 수 없는 빚을 진 작가들도 더없이 어려움을 맞고 있다. 있으면 먹고 없으면 굶고 물처럼 바람처럼 구름처럼 사는 박남준도 견딜 수 없는 날들이 흘러간다. 국민의 정부 안에서도 양심수는 많고 아직도 박노해, 박영희 두 시인이 감옥에 있다. 우리는 모두 안과 바깥의 감옥에서 신음하고 있는 것이다.

새로운 세기를 불과 한두 해 남겨둔 지금 환멸과 권태가 문단 안팎을 조이고 있다. 혹자는 인도로 티베트로 타클라마칸 사막으로 절로 떠났다가 돌아온 다음에 쓴, 해탈한 듯한, 어떤 경지에 이른 듯한 산문이 순진한 독자들에게 먹혀들어 낙양의 종이값을 올린다고 하지만(저 삶과 죽음이 엇갈리는 폭우 속에서도 떠내려오는 가재도구나 물고기를 낚아채는 사람들은 어느 시대에서나 가까운 우리 이웃들이었다), 지금 지쳐 어디론가 떠나고 싶지 않은 사람이 어디 있겠는가. 작은 사람은 산속으로 숨고 큰 사람은 사람 속으로 스며든다고 했는데, 지금 지쳐 있다고 권태롭다고 너도나도 숨고 떠난다면 누가 있어 다음 세기의 우리 문학을 갈아엎고 씨를 뿌려 경영할 것인가.

박남준의 딜레마는 여기에 있다. 자신은 스스로 비겁하게 살았다고 고백하지만 그는 1980년대 한복판에서 모기 같은 놈들과 맞서 싸웠다. 마흔두 살이면 한창 나이인데 벌써 8년 전(1990년)부터 산속에 들어가 나올 줄을 모른다. 세 권의 시집과 두 권의 산문집은 그가 세상에 던진 울분이고 절규이다. 언제까지 이렇게 살 것인가. 세속에 물든 우리들이 한번 들러 아, 이렇게 살아야 하는데 반성하고 정신의 때를 씻어 맑고 정갈하게 내려오는 넉넉한 품을 제공하는 것으로 제 역할을 다하는 것일까. 이렇게 살다 추해지면 과감하게 세상과 결별한다는 그의 추상 같은 삶의 자세는 도저하지만 아직 할 일이 너무 많이 남아 있는 나이 아닐까. 더 숨을 것인가. 박차고 나올 것인가. 계속해서 마시고 쓸쓸해하고 흐느끼다가 어느 날 흔적도 없이 사라질 것인가. 강요하지 말자. 그의 슬픔은 뿌리가 깊어 인간 존재의 근원에까지 실뿌리가 뻗쳐 있다. 아픈 허리가 휠 정도로 많은 일을 한 그가 얼마나 격렬한 고통을 가슴에 숨기고 있는지 아무도 모르기 때문이다. 그의 오체투지, 면벽수행이 아주 투명한 사리로 빛날 때까지 말없이 지켜보기나 하자.

이 비 그치면 송능 냄새 가을이 오겠다. 나는 개인적으로 우는 사람을 싫어한다. 스무 살이 되기 전에 남들이 평생 흘릴 눈물을 다 흘렸기 때문이다. 문학도 걸쭉하고 씩씩하고 땀 흘려 일해 배짱이 두둑한 작품을 좋아한다. 그런데 참 이상하지, 박남준에게는 예외이다. 한 인간을 너무 과대 포장해서 신비화하거나 우상화하는 것은 경계해야 마땅하고 그 폐해를 잘 알고 있지만, 박남준의 물봉선교에 한번 쏘이기만 하면 뿅 맞은 듯 이런 다짐들이 흐물흐물해진다. 힘이 빠져 눕고 싶고 다 말라버린 눈물도 관절이나 신경줄이나 하다못해 뼈를 뚫고서라도 차올라 범람할 것 같으니, 물싸리나 제비꽃, 채송화같이 여리다고 박남준을 지레짐작하면 그 술을 그 노래를 그 귀신을 제대로 다 못 보는 것이다. 버들치도 뼈가 있고 풀여치도(이광웅, 박두규 두 분을 포함한) 치 자 돌림 아니던가.

가을이 더 깊어지기 전에 벌초도 하고 모악산방에도 다녀와야겠다. 새벽 강에 가서 밤새도록 술도 마시고〔전주 하면 우선 병천이 형(이병천)이 보고 싶고, 정양 선생님 모시고 김용택 성님이랑 안도현이랑 술 마시고 싶고, 이종민·지성호·김영배·장민욱과 청년 문학 친구들과 대모 강은자와 그냥 눌러 살고 싶다〕 아침이 오면 유천 칡냉면도 곱빼기로 먹어야지. 모주와 콩나물해장국은 눈 푸짐한 겨울을 위해 아껴두자. 박남준이 더 늙기 전에, 그것보다는 칡넝쿨과 으름 넝쿨이 지붕을 올라타고 눈비의 무게에 눌려 속절없이 무너지기 전에, 주인이 떠난 방구들에 잡초가 무성해지기 전에, 글썽이는 눈과 집터와 나무를 다시 보고 와야겠다. 대마보다 헤로인보다 코카인보다 독성이 훨씬 강한 물봉선 주사를 꼭 맞고 와야겠다.

한창훈

한 도보 고행승에
대한 중간 보고

그는 오래 참고 견딘다. 누군들 삶을 방기하고 싶은

욕망이 없겠는가. 쉽게 포기하고 편안하고픈

유혹이 왜 없겠는가. 한창훈 소설의 미덕은

오래 참고 견딘, 견딜 수 없을 때까지 버틴,

직전의 힘이다. 직전에 터져 나오는 탄성,

직전의 아름다움이다.

ⓒ이정아

한창훈 1963년 여수시 삼산면 거문도에서 태어났다. 소설집 《바다가 아름다운 이유》, 《가던 새 본다》, 《세상의 끝으로 간 사람》, 《청춘가를 불러요》, 《나는 여기가 좋다》, 장편소설 《홍합》, 《열여섯의 섬》, 《섬, 나는 세상 끝을 산다》, 《꽃의 나라》, 산문집 《한창훈의 향연》, 《인생이 허기질 때 바다로 가라》 등을 썼으며, 어린이 책으로 《검은 섬의 전설》, 《제주선비 구사일생 표류기》가 있다. 1998년 한겨레문학상, 2008년 제비꽃서민소설상, 2009년 허균문학작가상, 요산문학상을 받았다.

아나, 한창훈이다. 세상에 공짜가 없다고 하더니 그렇게 많은 날들을 족보도 없는 술에 취하게 해놓고 차에 태우고 어깨를 부축해주고 들쳐업고 운구를 하더니 급기야 시원찮은 안주로 채운 속엣것들을 다 토해놓으라고 신문지를 몇 겹으로 베개 삼아 눕혀놓고 가더니 결국은 원금에다 이자까지 다 내어놓으라고, 발문은 고사하고 술문이 되겠구나야.

서산에 내려온 지 구 년째다. 이제 이곳의 냄새와 먼지와 바람에 대해서 말할 수 있겠다. 처음엔 유배지로 혹은 거창하게 망명지로 생각해서 속울음도 많이 삼켰지만, 울음이 힘이 될 줄이야. 외롭기로 작정을 한 다음부턴 마음이 편해졌다. 나이 들면서 존경해야 할, 은혜를 알고 감사드려야 할 분들이 곳곳에 널려 있다는 것을 깨닫는다. 어찌 다 갚고 살겠는가. 그냥 그분들과 함께 살고 있다는 고마움이 내 시를 지탱하고 있다. 욕심이라면 빚(빛)의 날개를 타고 더 멀리 날아봤으면 하는 마음뿐.

한창훈을 만나기 전 나는 막노동을 했다. 학연, 지연, 혈연 없는 곳에서 배운 것 없고 특별한 기술 또한 없는, '없음'이 유일한 재산인 내가 믿을 수 있는 것은 중고의 몸뿐이었고, 소리가 크고 거친 엔진이었지만, 몸 하나는 쓸 만해서 쉽게 목수팀에 합류했다. 나를 가르친 스승은 오십대 중반의 대목이었는데 일 잘하는 사람 특유의 자존심이 강했다. 시내에서 일할 때는 지장이 없었으나 해미나 고북, 성연에서 일하다 보면 가게가 멀리 떨어져 있기 마련인데, 이 양반은 아침 일찍 봉고차로 현장에 닿는 즉시 술통이 있나 없나부터 살핀다. 플라스틱통으로 한 말 정도 막걸리가 있으면 그날 일은 두 배 이상이다. 만약 술통이 보이지 않으면 미련 없이 못 주머니를 던져버리고 현장을 떠난다. 팀장과 함께 가장 가까운 술집까지 걸어가 막걸리를 마시고 있는 스승을 달래고 어르고 겁주고 웃겨서 모셔온 적이 한두 번이 아니었다.

결국 스승께서는 오래 못 버티고 현장에서 일하다 쓰러졌는데, 인생이라는 가없는 무대에서 공연하다가 쓰러진 배우를 그때 처음 보았다. 햇발이 자글자글 끓던 날, 스승을 서산의료원 영안실에서 해미 홍천리 뒷산에다 옮겨 묻고 난 뒤(나중에 나는 〈스승 김인권〉이라는 시를 써서 제자로서 예를 갖추었다) 억병으로 취했고 하수도에 빠졌으며 내 허름한 이층 셋방을 바로 코앞에 두고도 두 시간 동안 집을 못 찾아 길거리에서 펑펑 울고 말았다.

나는 스승이 해마다 씀바귀나 냉이, 다북쑥으로 다시 돋아나는 동안 제자로서 주업(酒業)을 이어가는 데 한시도 게으르지 않았다. 아침부터 소주를 밥사발로 마셨으며 못 하나 박고 마셨고 해체 작업하다 마셨고 슬래브 공사하다 마셨고 버팀목을 받치고 마셨고 콘크리트 타설 작업 중에도 마셨고 일삯을 받으면 들이부었고 공친 날 먹었고 눈 와서 마셨고 비 와서 펐다. 스승을 기리는 일은 이것밖에 없었고, 술힘이 아니었으면 생사가 오락가락하는 삶의 현장에서 버텨내기가 힘들었다.

그사이에 눈비가 몇 번 내리고 꽃이 지고 낙엽이 쌓였는지 내 옆에는 딸아이도 생겨나고 충원슈퍼 아줌마도 알게 되고 집주인이 분재에 서툴다는 것도 알게 되었다. 일이 없는 겨울에는 알 수 없는 분노와 막막함으로 술통을 어깨에 걸고 오남리나 수석리, 잠홍동 들판을 발길 가는 대로 걸어 잔설이 수북한 벼 그루터기를 깔고 앉아 가야산을 건너보고 한 모금 옥녀봉을 끌어내려 두 벌컥 도비산을 둘러 앉혀 세 꿀꺽 해가 넘어가도록 돌아다녔다. 이십 년 가까이 살아낸 서울을 생각하면 괜히 서럽기도 하고 화가 나기도 하고 급기야 그런 내가 너무 불쌍해서 주차장 근처 포장마차에서 한잔 더 하고 터덜터덜 단칸방으로 돌아오면 그때까지 꺼지지 않고 버틴 연탄이 그렇게 고마울 수가 없었다. 실제로 10만 원짜리 월세방(논산 처가에는 전세 5백만 원이라고 속이고)에 살았던 삼

년 동안 아내에게는 한 번도 연탄집게를 들게 하지 않았고, 긴 동지섣달 밤에는 삼십 분이나 한 시간 단위로 아내와 아이의 코 앞에 귀를 대고 확인하면서 새벽을 맞이했다. 나는 언제든지 준비되어 있어 서러울 것도 없지만 저 여리고 순한 보살들은 무슨 죄가 있겠는가. 다른 건 몰라도 연탄가스로 죽게 할 수는 없었다.

합덕 종합 미곡처리장 골조 공사가 끝나갈 1993년 가을, 서산 YMCA에서 한창훈을 만났다. 당시 YMCA의 책임간사가 문학을 전공한 사람이었고 몇몇 뜻 있는 젊은 사람들이 글패를 한번 만들어보자는 말이 있었는데 준비 모임 정도였나 보다. 첫인상은 뭐 이런 게 다 있노, 였다. 본 사람은 다 알다시피 멧새들이 보면 집 짓기 딱 알맞은 봉두난발에다 옛날 추자나무 잎 다 갉아먹던 추자벌레처럼 금방이라도 살아 꿈틀거릴 것 같은 눈썹에다 꺽정(巨正)이 살아왔나 구레나룻과 턱수염 좀 보소. 나도 어디 가서 체격 하나라면 밀지고 들어간 적이 별로 없는데 왔다, 참말로! 세월을 조금만 물리자면 조선 시대 삼도 수군통제사 감이었다. 겉모습과 체격과는 달리 손 따뜻하고 인사 부드럽고 허리가 유연해 보였다.
우리는 곧 제일식당이라는 곳에 들어가 삼겹살을 신김치와 곁들여 소주를 마셨는데, 그는 창작과비평사에서 곧 내 시집이 나온다는 데 놀라는 표정을 짓더니(이런 촌놈이 설마?) 이문구라는 담뱃

불을 붙여주었고, 나는 박상륭이라는 소주잔을 건넸다. 술이 몇 순배 돌면서 문학 하는 사람 특유의 친화력이 우리 주위를 화기애애하게 둘러쌌는데 박상륭과 이문구라는 천하에 숭악한 사람들이 우리 선배라는 사실에 곧바로 절망했으며, 어떻게 하면 이분들을 구워 먹나 삶아 먹나 회쳐 먹나에 대해 진지해졌다가 주름살이 깊어졌으며 폭소가 터졌으며 이 끈질긴 혓바닥들은 죽기 전까지 도저히 어찌해볼 도리가 없는 존재라는 데 동의하고 말았다. 술자리가 끝나고 뉘엿뉘엿 어둠이 깔리는 서산 거리를 걸었을 때 늦가을 바람이 불었던가. 첫눈이 내렸던가. 그는 그렇게 스승이 떠난 빈자리에 슬그머니 잔파도가 되어 다가왔다.

나는 그해 겨울을 잊지 못한다. 내가 사는 곳에서 이십 분 정도 다리품을 팔면 〈목련꽃 그늘 아래서〉와 〈증인〉의 배경인 예천동 대나무집이었다. 농가 주택 공사도 끊긴 그 겨울을 나는 걷는 것으로 일당을 벌고 있었다. 지금은 4차선 도로가 태안 쪽으로 곧게 뚫리고 고층 아파트도 들어섰지만 그때는 곳곳이 공사 중이었다. 공사 중 팻말을 이리저리 돌아 똥방죽에서 천수만 쪽으로 흐르는 개울을 건너면 논이었고 논둑길이 끝나는 곳에 그가 둥지를 틀고 있었다. 똥방죽에서 썩은 물이 해파리 같은 부유 물질을 달고 천수만을 오염시킬 때도 미나리·개망초·민들레 들이 새파랗게 눈을 뜨고 겨울을 견디고, 천수만 쪽에서 옥녀봉 쪽으로 불어오는 찬바람은 헛헛한 내 가슴을 뚫고 시멘트 범벅이 된 시내 쪽으로 뒤엉켜 달아나곤 했다.

어, 소주가 반이나 남았네, 들어서면 부시시 '추리닝' 바람으로 한창훈이 일어나고 강물 같은 최은숙(부드럽고 무서운 이 사람은, 1990년 《한길문학》 신인상으로 등단했으며 1996년 초에 《집 비운 사이》라는 좋은 시집을 낸 바 있다)이 선배님, 하고 반기는 지붕 낮은 예천동 그 집, 구릉이랄 것도 없이 나지막한 능선 아래 대숲 병풍에 위싼 그 집에 이제 막 옹알이를 시작한 단하와 언제나 정갈한 처제가 나를 반겼다.

그때 한창훈은 몸으로 때우지 말고 머리를 써서 돈을 벌어보라는 바깥주인의 교시에 따라 착실히 글쓰기 지도를 하며 밤에는 컴퓨터 자판과 씨름을 하고 있었는데, 그의 머리맡에는 늘 전위예술가가 설치한 작품처럼 담배꽁초가 쌓여 있고 먹다 남은 소주병과 캡틴큐가 함부로 나뒹굴고 있었다. 서로 과거를 잘 아는 사이도 아니고 붙어 살지도 않았으니 뭐 그리 할 말이 많았겠는가만, 나는 청소부였다. 그가 남긴 소주병과 싸구려 양주를 깨끗하게 비우고 나서야 서서히 번지는 불빛을 바라보며 다시 논둑길을 되짚어 돌아오곤 했다. 간혹 늦은 시간에 두 사람이 품앗이하듯 우리 집을 다녀가기도 했다. 세상은 이래서 살 만한 곳이었나. 캄캄한 서해의 변방에서 그렇게 등을 환하게 켜고 밤을 다듬고 새벽을 키우는 사람이 있었다니, 나는 차고 넘치게 따뜻해졌다.

  YMCA 책임간사인 이희출과 태안 참빛청년회를 이끌던 김병섭과 뜨내기 나와 한창훈이 주동이 되어 서산·태안 글패를 결성했는데 이름하여 '글마당 사람들'이다. 우리는 일주일에 한 번 만났고 구성원들은 주부·교사·택시운전사·은행원·점원·농사꾼을 비롯하여 주로 현장에서 일하는 사람들이 많았고, 우리는 생긴 만큼 읽었고 살아온 만큼 썼고 작품 합평도 진지하게 했다. 주로 큰 목소리를 내는 건 나였고 한창훈은 늘 조곤조곤했다. 지금은 청년문학회와 노동자문학회로 확대 재편되었는데 전태일문학상과 윤상원문학상 수상자를 배출하면서 활발하게 활동하고 있다.

  그렇다. 한창훈이 '글마당 사람들' 첫 문집 머리글에 쓴 것처럼, "모든 것의 중심은 각 삶의 현장이다. 진정한 중심은 대학 강단도 아니요, 출판사 편집실도, 이론가의 세미나실도, 지식인들의 연구실도 아닌 너른 땅 곳곳에 흩어져 축지고 모나고 깨지고 짜부러진 채 생활을 모시고 살아가는 이들과 그 텃밭이다. 주변의 중심화를 위해 그 배고픈 삶의 텃밭에 우리의 보습을 대고 가난한 이들의 고통을 일구고 섬기는 게 우리의 몫이다." 그렇게 우리는 살아내고, 견디고 있다.

이문구 선생께서 술이 사람을 만든다고 말씀하셨지만 술이 사람을 망치기도 한다. 세월은 흘러 예천동에서 살던 한창훈네 식구들이 1995년 여름 바깥양반이 근무하는 서산중학교 옆 주공 임대아파트로 잠깐 이사를 했다가 그해 가을 내가 사는 교직원 사택 이층으로 옮겨오면서 전설 같은, 신화 같은 술 역사가 시작되었다. 일주일에 한 번 보는 것도 참 거시기한데 이제 날마다 보게 생겼다. 싫든 좋든 한 건물에 살다 보니 문턱이나마 제대로 남아났겠는가. 누가 겪어도 한창훈과 최은숙은 바다 같고 섬 같고 강물 같은 사람이었으니 집 안에 늘 사람이 끓었는데, 그 집 손님 들면 감초같이 내가 끼었고 내 집 손님 오면 그 집 사람들이 올라왔으니 해 지고 달 뜨고 별 보고 안개 짙고 도무지 밥 먹는 일보다 술 먹는 날이 많았고 머지않아 한창훈은 전업을 선언하기에 이르렀다(강력하게 밀었다. 절벽으로). 보조를 맞춘다고 나까지 때맞춰 불어온 고름우유 파동에 가까스로 빚내어 투자한 우유 보급소 다 털어먹고 바야흐로 그 유명한 '생각 없는 주부들의 모임' 시대가 도래했는데 대표도 못 되고 총무나 주임으로 전락한 우리의 한탄스러운 술자리는 이러했다.

눈 온다, 눈 그쳤다, 달 떴다, 달 졌다, 누가 왔다, 누가 갔다, 바깥양반한테 한 대 얻어맞았다, 설거지하기가 싫다(왜? 개수대가 하나뿐이니까), 빨래하는 것보다 개어 넣기가 싫다, 일주일째 청소를 미루었다. 주부습진에 걸렸다. 가사 노동을 돈으로 환산하면 얼마냐. 그렇게 정성을 다했는데 식구들이 밥을 잘 안 먹는다. 밤에 바깥양반들이 피곤하다는 이유로 잠자리를 회피한다. 따분하다. 서럽다. 구진스럽다. 헛헛하다. 아무것도 할 일이 없다.˙ 이유 없는 것이 이유다. 따위의 이유를 붙여 노상 소줏잔을 탐했는데 어찌나 자주 탐했는지 잔이 다 닳고 금이 가 병원 입원하는 술잔을 다시 깁스를 해 마셔야 했다.

　그렇다고 우리가 알코올 중독자처럼 무턱대고 마셨던 건 아니다. 무슨 서약을 한 일은 없지만 그 정도 되면 눈빛 하나로도 구만리 장천을 다 보는 법, 우리는 술 먹는 만큼 일하고(가사 노동도 분명 일이다) 일한 만큼 작품을 쓸 것, 그런 자존심은 품고 있었는데 어느 날 한창훈이 한 묶음의 원고를 가져왔다. 나 같으면, 꼼꼼이 봐주라, 어색한 문장이나 맞춤법, 문장부호까지 틀린 것 다 잡아내야 혀, 엄포를 놓았겠지만, 그는 심심하게 너무나 심심하게 한 번 봐줘요, 하더니 비정하게 내려갔다. 심심한 놈 같으니라고!
　이런저런 해찰을 부리고 저녁 먹고 뉴스 보고 딸아이 청룡열차까지 태워주고 밤이 이슥해서 〈오늘의 운세〉(최근에 쓴 단편소설 〈아름다운 시절〉까지 그는 상표 사용료를 지불하지 않고 있다)부터 시

● 한창훈 소설 〈가던 새 본다〉에서 일부 인용했다.

작했는데 〈증인〉 서고 〈목련꽃 그늘 아래서〉 쉬고 〈마리아가 사는 마을〉에서 한잔 하고 〈까치노을〉에서 윤회 생각하고 〈닻〉에서 명실이랑 종현이랑 삼굴에서 이층 만드는 장면까지 보다가 도저히 참을 수 없어 흐이구, 요런 숭악하고 징그러운 놈이 다 있구나야, 그렇게 항꾼에 술 처묵고 노래 부르고 춤추고 밤낮 구별 못하고 노닥거렸는디 원제 요로코롬 환장할 놈의 소설을 써부렀당가 배신의 콩나물을 따로 무치고 있었구먼 으잉, 투덜투덜 내려갔더니 작업실 불이 희미하게 주(酒) 자를 달고 있었다.

시계를 보니 바람은 새벽 2시를 넘나들어 청소차가 지나가고 안개가 꾸역꾸역 밀려왔다. 머시기는 요롷고 거시기는 조롷고 해서 나가 지금 환장하겄다 했더니 잽싸게 술상을 봐왔다. 거창한 술상이었다. 어디서 들어왔는지 귀한 양주 큰 병에다 행어(行魚) 한 접시, 그 옆에 고추장이 수줍게 떨고 있었으니 그 양주를 다 비우고 남은 소주병까지 거덜내고 나니 날이 훤하게 밝아왔다. 또 그렇게 냉면집은 문도 열기 전이었는데, 냉면집 주방 아줌마 아, 해가 바뀌어도 왜 멤버는 안 바뀌는겨 반겨주시고, 면발 삶은 물이 끓는 동안 선잠 깬 소주병이 비척비척 속을 비우고 보초를 서느냐 이 말이다.

다음 코스는 간월도. 한창훈 소설 속에 수없이 등장하는 바다, 그는 술이 취해도 늘 바다를 보고 싶어 했다. 그려 거기 가면 진영

호 갑판에서 회를 떠서 파는 야물떼기 아줌마가 있지 않느냐, 삼사 년 단골에다가 그집 주인이 같은 강릉 유씨(劉氏)이기도 하고. 그렇게 시작한 술이 노을로 깔리고 끝내 별빛으로 필 때까지, 한참 넋 나간 사람처럼 바다를 보다가 한창훈이 문득, 나가 쓰고도 이게 소설인지 뭔지 통 감이 잡히지를 않았는디 성님이 좋다고 항께 한 번 해봐야 쓰겄구먼 잉 했다. 그려그려 확 뒤집어엎어 뿌리랑께. 내가 좋다면 다른 사람은 보나마나여. 다른 건 몰라도 작품 하나는 똑소리 나게 본당께, 주절대며 밀물처럼 술이 올라 콧구멍을 벌심대며 큰소리를 탕탕 쳐댔다.

이렇게 시작한 술 인연이 발전에 발전을 거듭해 사람 인연으로 승화되었으니 그를 통해 임우기, 윤중호 같은 천하에 술꾼들을 비롯하여 대전·충남의 《삶의 문학》 선배들과 《새날》 친구들과 수많은 후배들을 알게 되었고, 나는 그에게 박남준·이정록·안학수(이문구 선생 제자인데 1997년에 동시집 《박하사탕 한 봉지》를 펴냈으며, 그와 한 이불을 덮는 서순희는 남자 서넛을 한 방에 보낼 수 있는 소설가이다)를 선보였다. 주도 십팔단 중에 겨우 학생주 수준도 못 벗어난 내가 이분들을 모시고 살아가는 데 누구보다 한창훈의 역할이 컸음을 주위 사람들은 다 안다. 우리는 도보 고행승답게 천하를 두루 주유했는데 원주·사북·태백·울진·서울·공주·대전·전주·

광주⋯⋯ 비행기만 빼놓고 탈 것은 모두 타고 걸을 곳은 모두 걸어 다녔다.

그 어디보다 인상에 깊이 남은 곳은 원주다. 1994년 가을 박경리 선생께서 우리 문학사에 거대한 산맥으로 남을 대하소설 《토지》를 완간하고 기념잔치를 베풀었는데 우리는 그곳에서 5박 6일 동안 목수 일을 했다. 야외 식당과 화장실을 짓는 일과 주로 허드렛일이 우리 차지였는데 일은 프로답게 칼처럼 해놓고 외할매 같은 선생께서 직접 들고 나오시는 음식에다가 술 마시면서 치악산 바라보는 것이 더 좋았다.

일 이야기 나왔으니 잠깐 쉬어가자. 술을 뛰어넘어 우리를 강력하게 묶어준 게 일이었다. 한창훈의 장점은 무엇보다 일 처리하는 손에 있다. 일찍이 번듯한 집안에서 태어나 탈 없이 자랐지만 고행승답게 뱃일에서 시작해 음악다방 DJ, 트럭 운전사, 막노동 일꾼, 포장마차 주인을 끝순서로 각종 직업을 두루 섭렵한 만만치 않은 이력을 소유하고 있는데, 좋은 일보다는 슬프고 어려운 일이 있을 때 한층 빛을 발한다. 그는 처음부터 끝까지 온갖 궂은일을 도맡아 그가 지나간 자리는 다른 사람 손이 다시 갈 필요가 없을 정도로 신속하고 완벽하게 처리한다. 저 야무지고 꼼꼼한 손이라니! 우리는 어떤 긴급상황이 발생해도 한 몸처럼 움직였다.

깔끔하게 준비한 기념잔치(그 많은 해프닝이라니. 이문구·정현기·

김지하·김승옥…… 노인들도 술 취하니 꼭 어린애 같더라) 멋들어지게 끝나고 헤어질 때 우리 손을 맞잡고 "일하는 사람은 쓸 수 있어요. 왜냐하면 썩지 않으니까요. 제 손 좀 보세요. 저도 작업(소설)이 잘 안되면 일을 해서 풀어버립니다." 글썽글썽하던 박경리 선생의 얼굴이 눈에 선하다.

두 번째는 김지하 선생 부친상 당했을 때 3박 4일 동안 원주에서 일을 했다. 나중에 새까만 후배에게 분에 넘치는 발문을 써주신 김지하 선생님을 다시 뵙게 되었고, 그때 메모를 보니 아주 다감했고 걸걸했고 쓸쓸했고 구성졌고 날카로웠다고 기록되어 있었다. 눈이 엄청나게 내렸던 발인 전날 밤, 숙소에서 김소진을 처음 보았는데 말이 없고 조용했다. 나중에 몇 번 더 만났지만 지금도 김소진을 생각하면 사는 게 다 업(業)이다 싶다.

이제 서주교 이야기를 해야겠다. 처음부터 이름 정해놓고 이런 왈짜들이 모인 게 아니라, 자주 모여 잔 식는 줄 모르고 나누다 보니 차츰 소문이 퍼졌는데 한번은 원조 꺽정(巨正) 이문구 선생께서 후배들 격려차 서산에 오셨다가 우리를 보더니 단박에 "불가근 불가원(不可近 不可遠)" 하셨다. 글쓰는 사람들이 너무 붙어 있으면 서로에게 득 될 게 없으니 떨어져 살고 한 달에 한 번쯤 만나 주야장천 마시라는 거였다. 내친 김에 당호도 내려주셨으니 거룩

하도다, 서해안 주당 협회. 이 신비한 사이비 집단이 거듭 교세를 확장해 오늘에 이르렀으니 신흥 종교 집단치고 자못 기세가 당당하다. 우리가 아무 탈 없이 눈부신 고도 성장을 한 이유가 있다. 날마다 만나 마시고 노는 게 아니라 놀 때 치열하게 놀고 작업할 때 논 만큼 준열하게 작업하자는 암묵적인 약속이 있었고 그 밖의 것은 절대로 간섭하지 말 것.

 술 취한 다음 내가 저지른 실수는 한도 끝도 없다. 근본 없는 것은 어디 가나 표가 난다. 항상 꺾지 않고 급하게 마시는 나에 비해 한창훈은 천천히 마신다. 그리고 소설처럼 육담과 사설을 섞어 좌중을 한없이 웃기는데 나는 한창훈 때문에 눈가에 주름이 서너 개 늘고 골이 깊어졌으며, 입 표면적이 훨씬 더 넓어졌다. 그는 소주로 시작해 맥주로, 나는 맥주로 시작해 소주로 끝내는 경우가 허다하고(그는 특히 독한 양주를 잘 마신다) 그는 음식을 가리지 않는데 나는 개고기나 육고기를 싫어한다. 나는 바닷것이라면 사족을 못 쓰는데 그는 다 같은 바닷것 중에도 패류나 갑각류는 싫어한다. 내가 술 먹는 것 빼놓고는 아무 특기가 없는 데 비해 그는 기타를 잘 다루고 당구도 치고 낚시도 좋아하고 운동도 잘한다(그는 태권도 유단자이고 해동검도를 연마하여 자기 이름이 새겨진 진검을 가지고 있다). 그는 옷 갈아입기를 싫어하고 머리를 감거나 수염 깎는 것을 싫어하는 반면 나는 깔끔을 떠는 편이다. 그는 보통 외출

복이니 실내복 구별이 없는데 사철 이른바 '추리닝'에다가 슬리퍼가 전부다. 겨울에는 〈한겨레〉에서 나온 파카를 걸치는 것으로 모든 준비가 끝인데 오죽하면 서산에서 한창훈 별명이 '쓰레빠', 유용주 별명은 '고주망태'였겠는가. 또 그는 자기가 싫어하는 것은 죽어도 아니올시다고(냉정하다) 나는 어정쩡하게 끊지 못하여 안절부절못하는 타입이다.

그런데 꿍짝이 딱 맞아떨어지는 부분이 있으니, 양가 어른들이 우리를 만들 때 밀밭하고 어떤 관련이 있었나 둘 다 면류를 좋아한다는 것이다. 라면부터 시작해서 칼국수, 막국수, 자장면, 냉면, 하여튼 각종 가루로 만든 음식이라면 자다가도 벌떡 일어난다. 특히 앞서 소개한 숙취 해소용 냉면하고 배고플 때 먹는 자장면은 거의 환상이다. 나쁜 버릇은 고치기도 힘들어 음식이 나오기도 전에 참지 못하고 밑반찬으로 소주를 먼저 먹는 게 참 불쌍하기는 하더라만, 얼마나 냉면을 좋아하는지 한창훈이 천안으로 이사 간 다음 서산 후배들이 플라스틱통에 육수를 가득 담아 갖다준 적도 있다.

또 있다. 우리 둘 다 꿈속에서까지 정한수 떠놓고 원하는 거.《바다가 아름다운 이유》에 나오는 양순이 같은 여자를 간절히 원하는데 그도 그럴 것이, 우리는 젖무덤에 대한 애착이 유달리 강하다 (무조건 크면 좋다. 히히). 우리의 꿈은 이렇게 너무나 소박(?)해서

젖소부인과 한번 자보는 게 소원인데, 지난 오 년 동안 그렇게 돌아다니고 한뎃잠 많이 들었어도 깨어보면 늘 우리뿐이었다. 찬물을 숨도 안 쉬고 들이켜고 난 다음 똑같이 튀어나오는 말, 제발 멤버 좀 바꾸자. 우리와 신체 구조가 조금은 다른 짐승하고 자봤으면.

서주교 이야기하려다 엉뚱한 곳으로 빠졌다. 그렇게 한 집에서 문턱이 다 닳도록 드나들자 불알 달린 놈들 하는 짓이 차츰 재미도 없어지고 싫증 나기도 했겠지. 그래서 새로운 얼굴을 찾아 지역을 넓혀보자고 뜻을 모아 자연스럽게(우선 가차운 데 사는 사람부터) 친해진 사람이 홍성에서 풋풋한 것들과 생활하는 이정록과 보령 시내에서 금은방을 하는 안학수라는 화상이었다.

'생각 없는 주부들의 모임' 출신인 한창훈과 나에 비해 고등학교에서 한문을 가르치는 이정록과 누구 돈이 되었든지 현금을 많이 만지는 안학수의 출현은 우선 안주에서부터 엄청난 변화를 몰고 왔다. 안주도 안주지만 특히 이정록을 우리 서주교 교주로 두말없이 모시지 않을 수 없는 이유가 있었으니, 한창훈이나 나 전공이 같았고(그는 한남대 지개과(지역개발과), 나는 다릿골 지개과) 안학수 또한 가방끈에 대해서 할 말이 없는데 비해 우리 교주는 단연 군계일학이라 자기 전공이지만 이백과 두보의 시를 알기 쉽게 풀어 설명할 때는 우리 모두 벌린 입에 침 흐르는 줄을 몰랐다. 교주가 하는 말은 전부 시였고 안개였고 기러기였고 저녁노을이었고 물에 거꾸로 박힌 산그늘이었다. 교주가 당직근무를 할 때는 학교로 비상 호출을 했고, 원고료를 받으면 만해 생가나 동상, 김좌진 장군 생가 근처에 있는 느티나무 아래로 친히 우리를 불렀다.

그리하여 낮에 시작한 야학(野學)이 정말로 교주로 받들어 뫼시지 않을 수 없는 그 본격 야학(夜學)으로 이어졌다. 그는 갔어도 그의 노래는 남아 있다는 사설로 시작하는 남인수 애창 가요와 또 그 유명한 구두닦이 춤으로 이어지는데, 아 왜 구두는 안 닦고 배꼽 밑을 닦느냐 이 말이다. 한창훈이 봉걸레를 들고 이연걸을 가지고 놀고 내가 쌍절봉을 들고 소림사 주방장 흉내를 내어 속 〈파랑새는 있다〉를 찍어도, 한창훈의 봉걸레가 기타로 변하고 봉두난발을 어지럽게 흔들며 록가수 흉내를 내어도 나의 〈황성 옛터〉, 〈두만강〉이 황소 울음소리로 흘러내리고 비장의 카드, 안학수의 〈뱃노래〉, 〈보리 피리〉가 KBS 〈빅쇼〉를 능가한다 해도, 마지막에는 세 사람이 동시에 허리춤, 배꼽춤, 재즈댄스, 몬도가네 춤, 세계 각국의 모든 춤을 다 동원해도 교주의 낭랑한 노래 한 소절, 도저히 따라잡지 못했느니, 당대 고수를 한번 대면시킬 필요가 있었것다.

전국에 방을 놓아 고수를 한 분 모셨는디, 전주 하고도 모악산에 가면 진짜 처녀귀신과 하룻밤 사투를 벌여 그 귀신을 몰아낸 무당 같고 비구니 같은 박남준이라는 걸사가 하나 번뇌망상을 끊으려 토굴 속 면벽수행을 수년간 거듭한 끝에 아름답게 말라가고 있었으니 그에 대한 뜬소문이 하도 많아 먼저 실상을 공개하겠다. 그림이면 그림, 기타면 기타, 장구면 장구, 꽹과리면 꽹과리, 북이면 북, 소리면 소리, 팝, 록, 재즈를 거쳐 김추자에서 은방울 자매까지 도대체 인간이 할 수 있는 일치고 못하는 게 없었는데, 대한민국 문단에서 이렇게 음주가무에 능통한 사람은 찾아보기 힘들 것이다.

그런데 이 모악산 귀신도 교주의 남인수 애창 가요를 한 번 듣더니만 앞뒷발 다 들고 병원으로 실려가고 말았다. 이건 실제 상황인데 모악산 귀신은 기분이 최고 좋을 때 한쪽 어깨를 드러내놓고 김추자 춤을 추고, 벽을 향해 립스틱 짙게 바르고 몸을 꼰 다음, 등을 바닥에 대고 몸을 돌리는 브레이크댄스로 넘어가는데 그날은 무슨 망령이 들었는지 갑자기 공중부양을 하더니, 집 대들보를 코알라처럼 끌어안았다가 찰나도 못 버티고 떨어진 것이다. 가까스로 정신을 차린 사람들이 병원으로 급히 이송한 다음 촬영을 해보니 갈비뼈가 서너 대 금이 가 한 달 넘게 고생한 적이 있다.

찬술 먹고 빈말 많았다. 이 쉼표 많고 괄호 많은 술자리도 슬슬

파할 때가 되었나 보다. 올해(1998년) 들어 불혹 문턱에 턱걸이한 나는 열네 살 때 집을 떠난 뒤, 이십육 년간 헤맨 끝에 고향 쪽으로 간신히 10리 정도 옮겼다. 한창훈도 바다를 향한 오체투지, 용맹정진을 누구보다 게을리하지 않았지만, 그의 불철주야 도보 고행에도 불구하고 내륙 쪽으로 더 들어가고 말았다. 도보 고행승 앞에 길은 늘 막막하기만 하고, 그 막막함 때문에 서둘러 짚세기 끈을 조이기 마련인데, 또 육시럴 외로움이나 슬픔 같은 것들이나 괴로움 사촌 정도 되는 것들이 창(瘡)을 통해 균(菌)을 키우기 마련인데, 이것들이 자갈 텃밭이 없으면 하다못해 옆구리나 엉덩이나 어깻죽지를 비롯해 아무 데나 주둥이를 박고 어디든지 자꾸 떠나라고, 머무르지 말라고, 피를 빨아먹으면서 지랄을 해대는 것이다. 이 어쩌지 못할 것들이, 걷는 사람 육신은 보타지는 데 비해 착실히 피를 빨아 저희는 저희들끼리 속살이 오르고 달거리를 할 정도로 성장을 하면 안방마님 흉내를 냄시롱 막 충동질을 해대는디, 밖에 나가 그 흔한 밥벌이라도 해오라고, 밤에 부실한 것도 참을 수 없는데 대낮까지 쌍코피 흘리며 질질 짠다고, 육신이 보타지면 정신은 한없이 극명해지는 법 아니냐고, 육덕 좋은 저것들이 몸으로 밀어붙이며, 자신들 배 위로 일개 사단 병력이 지나갔다고 눈을 뒤집어 까니, 저 천하에 주리를 틀어 능지처참을 해도 시원찮을 저년들을 달랠 방법이 어디 있겠는가. 돈을 많이 벌어 아방

궁을 지어주든지, 전문 호스트바를 차려 싱싱한 남자들을 트럭으로 공급하든지, 사연 많은 저년들의 내력을 듣고 싸구려 자서전이나 시리즈로 내주든지, 참 그때 균(菌)들을 바늘이나 송곳으로 찔러 죽이든지, 인두로 지지든지, 칼로 도려내 근원을 없애버리든지, 하기는 했어야 했거늘. 추적추적 걸을 때 욱신거리는 아픔도 길동무가 되었나? 고통도 익숙해져서 노자가 되었나? 흐흐, 끝내, 정신이 돌아, 병이 깊어, 저 합해봐야 두 말 가웃도 안 되는 것들이, 한 고행승을 구렁텅이로 몰아넣고 마는구나.

어여쁘구나, 걷는 사람아. 그러고도 잠시, 칫솔 하나, 미용실용 성긴 빗 하나, 양말 두어 켤레, 아무개 아무개가 쓴 서책 대여섯 짐을 내려놓고 다리 쉼을 한 곳이 천안 삼거리 지나 목천 땅이었는가. 거기서 바다까지는 또 얼마나 먼가. 뭍이 끝나는 곳이 진정 바다인가. 뭍은 바다가 품고 있는 알 아닌가. 저 많은 돌과 풀과 흙은 바다가 쟁여놓은 알 아닌가. 저 산들이 물마루라면 온갖 잎사귀들은 치어가 아니겠는가. 바람을 따라 그늘 속에서 흰 배를 뒤집으며 뒷파도가 앞파도를 들이받으면 치어들은 개울로, 강으로, 바다로 흐르고, 흐르는 동안 굵고 억센 물고기로 성장하지 않겠는가. 수초를 쓰다듬고 뻘밭을 갈고 거대한 해일을 품고 있는 산맥, 그대 마음속에 출렁 떠 있는 섬, 그대 안과 밖에 살아 꿈틀대는 바다, 불화까지도 다 감싸고 있는 바다, 우리 모두는 결국 그리로 돌아가겠지. 산이 높으면 물이 깊고 물이 깊으면 산이 높지 않겠는가. 뭍에서도 바다를 사는 크나큰 소설의 눈을, 깊고 서늘한 눈을…….

한창훈에게는 짐이 되고 위험한 말이 될지 모르지만 내가 아는 한 그는 거의 완벽에 가까운 사람이다. 이 눈치 저 눈치 살피지 않고 당당하다. 〈은사시나무 겨울〉에서 직접 표현한 바 그는 체질적으로 권력을 싫어한다(가족과 친지는 물론 아주 작은 모임에서부터 크게는 공권력까지). 권력이 가진 카리스마나 독단에 대해 누구보다 못 견뎌 한다. 무릇 분노하고 저항하지 않는 작가는 진정한 작가가 아니다. 문학은 잠들게 하는 기능이 없다. 오직 후려쳐 깨어나게 하는 기능만 있을 뿐.
　더욱 믿음직스러운 모습은 서두르지 않는 그의 보폭이다. 오래 헤엄칠 자세가 되어 있다는 말이다. 문학이 점점 왜소해지고, 자본에 속절없이 투항하고, 화학비료 뿌리고 성장 호르몬 넣어 속성 재배되는 요즈음, 언제든지 잊힐 수 있고(목숨 걸고 사랑을 한 사람만이 잊힌다는 데 초연하고) 포기할 수 있고(포기는 아무나 할 수 있는 일이 아니다. 치열하게 밀어붙인 사람만이 포기할 수 있다) 그 틈새를 땀 흘려 일하는 것으로 메울 수 있는 당당한 자세, 그는 오래 참고 견딘다. 누군들 삶을 방기하고 싶은 욕망이 없겠는가. 쉽게 포기하고 편안하고픈 유혹이 왜 없겠는가. 한창훈 소설의 미덕은 오래 참고 견딘, 견딜 수 없을 때까지 버틴, 직전의 힘이다. 직전에 터져 나오는 탄성, 직전의 아름다움이다.

바라건대, 도반이여.
소나무가 성하면 옆에 잣나무가 기뻐하듯, 오늘 취하지 않고 무엇을 할 것인가. 한잔 받으시게. 우리가 처음 만나 스스로에게 약속한 것처럼 이 땅에 지천으로 널린 아픔들을 정면으로 바라볼 것, 그것의 원인을 끈질기게 물고 늘어질 것, 나이가 들어간다 해도 처음의 마음 변하지 않을 것, 문학을 핑계로 개폼 잡고 치기 어린 주장이나 일삼지 않을 것, 잘 버리고 있겠지. 저렇게 넓은 것이 저리도 평평하다니! 더 장엄한 골계의 바다로 나아가길, 아득히 먼 광대의 길 천천히 노 저어 건너가길, 한 마리 철없는 망둥이 되어 발문이라는 미끼를 덥석 물고 세상에 끌려 나와보니 낯뜨겁고 숨이 차 제대로 하늘을 올려다볼 수 없으니, 그대 문장 앞에 내 졸문은 그저 참람(僭濫)할 뿐이다.

이정록

쓰다듬는
나무가
세상을 키운다

어떠한 사물을 그리더라도

무릎 꿇고 기도하는 자세로 어린 생명을 받아낸

삼신 할매의 마음을 잃지 않는다.

"하늘의 처마 밑에서 / 낙숫물을 받들고 있는 /

세상 모든 어머니라는 돌웅" 잊지 않는다.

ⓒ임병조

이정록 1964년 충남 홍성에서 태어나 1989년 〈대전일보〉 신춘문예와 1993년 〈동아일보〉 신춘문예에 시로 등단했다. 시집 《벌레의 집은 아늑하다》, 《풋사과의 주름살》, 《버드나무 껍질에 세들고 싶다》, 《제비꽃 여인숙》, 《의자》, 《정말》, 산문집 《시인의 서랍》, 동화책 《귀신골 송사리》, 《십 원짜리 똥탑》, 동시집 《콧구멍만 바쁘다》 등을 펴냈다. 2001년 김수영문학상과 2002년 김달진문학상을 받았다.

첫눈 내릴 때쯤, 사랑방에 군불 밀어 넣고 몇 사람 둘러앉아 두런두런거리다가 들은 이야기인데, 태초에 말씀이 있었고, 이 장엄한 삼천대천세계에 빛나는 별들만큼이나 많은 생각들 중에 한 분이 우주를 떠돌아다니다가 발가락에 물집 잡힐 즈음 어디 들어가 하룻밤 따뜻하게 유숙할 집을 찾아다닌다는데, 이분이, 성격이 어찌나 괴팍하고 꼬장꼬장한 양반인지 젊어 한 시절을 주야장천 두주불사로 세상 주막집 술항아리를 통째로 비우고 다니다가 어느 날 느닷없이 술을 딱 끊으셨다는데, 그 사연이 서늘하다 못해 풋웃음이 슬그머니 나올 정도였다고 한다. 도도하고 파란만장했던 주유천하(酒遊天下)의 자취는, 해동 땅 동해 물과 백두산이 마르고 닳도록 헤아리고도 모자랄 판인데도 머리 끝에서 발끝까지 몸 매무새가 한 점 흐트러짐이 없는 엄격한 분으로 칭송이 자자했다는데, 어느 날 저 밑바닥에서 올라오는 뜨거운 취흥을 견딜 수 없어 굵고 유장한 노래 한 소절 푸른 들녘으로 풀어놓으면서 돌아오다가 그만 웅덩이를 잘못 밟아 흰 도포자락에 흙탕물이 튀어 옷을 버리고 말았다고 한다. 허허, 어찌할꼬. 황급히 집에 들어와 옷을 갈아입고 정좌를 한 뒤 집안 식구들을 불러놓고 폭탄선언을 하기에 이르렀다. 나 이제 술 그만 먹을란다. 걸음이 얼마나 흐트러졌으면 웅덩이 하나 제대로 보지 못하겠느냐. 내 평생 한 모금이라도 술을 가까이했다간 내 성을 갈리라. 일갈하시고 초지일관 그 약속을 죽을 때까지 지켰다고 한다.

이 얼마나 사소하고도 겨울 응달에서 불어오는 찬바람처럼 서늘한 이야기인가. 사소한 언약이라도 자신과 주위 사람들에게 한 약속 중에 어느 한 부분이라도 소홀함이 없었다. 평생을 선비로 살아온 분이니 오죽했겠는가. 글을 쓴다는 업은 이렇게 무섭고 떨리는 일이다. 어찌 되었든 이런 분들이 환생에 환생을 거듭한 끝에 오늘 저녁 불현듯 하룻밤 신세를 지겠다고 대문에 턱 들어섰다면 당신들은 어떻게 할 것인가? 어떤 표정으로 맞아들일 것인가?

이럴 때 버선발로 뛰어나가 호들갑을 떠는 축들은 이제 막 시내 주행을 끝낸 초보자들이다. 이분은 그런 행동을 썩 달가워하지 않는다. 아까 말한 대로 어찌나 괴팍하고 까다로운지 장(長)이나 관(官)이나 사(士) 자 달린 것들을 비롯하여 정치 모리배들이나 마빡에 권력과 명예와 돈을 번쩍번쩍 붙이고 설치는 부류들에겐 눈도 안 돌리고 외국에서 직수입한 무슨 항문 너덜거리는 쓰레기들을 신줏단지 모시듯 강단에 모셔놓고 조석으로 큰절을 해대는 헛공부 큰 공부 하는 놈들이나 학연에 이리 몰리고 지연에 저리 쓸리고 술상 밑에서 언론이나 출판 편집자에게 굽실거리는 문약(文弱)들은 아예 거들떠보지도 않는다.

오직 자기 맡은 바 순명(順命)을 다해 낮게 엎드려 일하는 사람에게만 자주 들른다. 불시에 검문한다. 갑자기 들이닥친다. 사전 예고도 없다. 아침에 일어나서 이불 탁탁 털어서 말리고 밥 안치고 찌개 끓여 아이들 학교 보내고 바깥양반 직장 보내고 청소하고 빨래하고 닦고 조이고 기름 쳐서 늘 반짝반짝 윤이 나는 환한 울타리를 좋아한다. 물기 마를 날 없는 전업주부의 마음속에 들어온다. 주부습진으로 고생하는 선명한 손금 위로 내려앉는다. 빗자루 자국 선명한 마당에 널어놓은 흰 빨래처럼 담백한 어머니 가슴속에 들어온다. 일상을 물 흐르듯 처리하는 사람, 일상을 지극 정성으로 모시고 섬기는 사람에게 슬그머니 온다. 밤이고 낮이고 새벽이고 아무 때나 들이닥친다. 특히 식구들 모두 잠이 든 새벽에 자꾸 이불을 걷어차내는 어린 자식들 다독여 이불 끌어다 여며주고 코 끝에 귀도 대어보는, 안심하고 안방을 빠져나와 냉장고가 거실의 반을 차지한 한 귀퉁이에 밥상을 책상 삼아 밤새워 불을 밝히는 사람과 잘 익은 호박만큼 둥글고 따뜻한 공간을 좋아한다. 크나큰 우주 먼 곳에서 별과 바람이 마악 첫 배에 올라타고 우유와 신문이 새벽을 실어올 때쯤 하품 크게 하고 잠자리에 들면서도 베개 밑에다 노트와 볼펜을 넣고 자는 사람, 말씀을 잠자리에서까지 품고 사는 이정록 같은 시인에게는 영락없다.

　고등학교에서 한문과 문예창작을 지도하고 담임 업무와 버금가는 공문 처리 때문에 정신없으면서도 연극반까지 운영하는 팔방미인인 시인에게는 주로 꿈속에서 나타나리라. 받아 적어라. 이때 피곤하다고 코를 골거나 귀찮아하면 소리 없이 사라진다. 깜깜한 곳에서 말씀을 겹치게 받아 적었다고 속상해하지 말자. 응달의 나무들이 더 튼튼하게 자란다. 바람 사나워 혹독한 땅에 굳센 생명들이 더 많다. "어떠한 햇살도 절반은 응달인 것이다." 아침 햇살에 기지개 켜고 한 뼘이나 불쑥 자란 저 싱싱한 자식들을 보라. "고치 속에서 북을 두드리는" 나비의 신생을 보아라.

　　주걱은
　　생을 마친 나무의 혀다
　　나무라면, 나도
　　주걱으로 마무리되고 싶다
　　나를 패서 나로 지은
　　그 뼈저린 밥솥에 온몸을 묻고
　　눈물 흘려보는 것, 참회도

필생의 바람이 될 수 있는 것이다

뜨건 밥풀에 혀가 데어서

하얗게 살갗이 벗겨진 밥주걱으로

늘씬 얻어맞고 싶은 새벽,

지상 최고의 善者에다

세 치 혀를 댄다, 참회도

밥처럼 식어 딱딱해지거나

쉬어버리기도 하는 것임을,

순백의 나무 한 그루가

내 혓바닥 위에

잔뿌리를 들이민다

— 이정록, 〈주걱〉 전문

"얼마나 깊고 선하신가 / 우리나라의 말씀들이", 이렇게 정성을 다하면 된다. 허리 깊숙이 꺾어 인사하고 방으로 모신 다음 "나를 패서 나로 지은" 참회의 눈물과 반성의 낱알로 차린 밥상, 당최 요즈음 음식처럼 맵고 시고 떫고 짜고 독하기만 한, 기름과 향으로 덕지덕지 처바른 요사스러운 거 말고, 맑은 무국에다 김장김치, 구운 김에다 간장종지 얌전하고, 두부부침 정갈하면 족하다. 시장 허실 텐디 식기 전에 어서 드시지요. 오냐 오냐, 그래그래, 숭늉까

지 훌훌 불어 달래 잔뿌리 같은 뜨건 김이 방 안을 잠시 맴돌다 사
라질 찰나! 괴팍한 성격만큼이나 공짜를 싫어하시는 양반이 옜다,
받아라, 밥값이다! 하고 쌈지를 풀어 생각 보자기를 던져주는데,

겨울 논바닥
지푸라기 태운 자리
얼었다 풀렸다
검게 이어져 있다

산마루에서 굽어보니
하느님이 쓴 반성문 같다

왜 이리 말줄임표가 많지?

겨울 새떼들이
왁자하게 읽으며 날아오르자
민망한 듯 큰 눈 내린다

반성문을 쓸 때
무릎 꿇었던, 쌍샘에서

소 콧구멍처럼 김이 솟아오른다

온 들녘에, 다시

흰 종이가 펼쳐지자

앞산 뒷산이

깜깜하게 먹으로 선다.

— 이정록, 〈현운묵서(玄雲墨書)〉 전문

  자네가 시를 쓴다고 해서 하는 말이네만 내 오랜만에 담백한 대접으로 마음이 훈훈해 그냥 갈 수 없어 한마디 하고 갈 터이니 잘 새겨듣고 삶을 잘 경영하길 바라네.
  '대저 우주는 나의 뿌리요 만물은 나의 몸이다. 지극한 경지에 이르면 오히려 쉬워지는 법, 가장 가까운 것을 장악하는 사람이 가장 먼 것을 장악한다'는 말도 있지 않은가? 요즈음은 피도 삭고 결도 부드러워져 많이 돌아다니지 못하지만 누구나 젊어 피 끓는 시절은 폭풍처럼 있느니 참 나도 봉두난발에 거친 곳을 여럿 들르면서 구박깨나 받고 살았다네. 대체로 시인들은 쓸데없이 자기 현시욕이 강하고 남을 배려하지 못해. 겉모양이 남루하다고 문전박대 당하고 등에 굵은 소금 세례를 받은 날도 많았지. 지붕 낮은 곳에서 허름한 일꾼들과 밤새 소주잔을 돌린 적도 있고 오히려, 거친 그들의 주름살 안창에 고여 있는 감자 속살 같은 마음 씀씀이에 눈물 젖곤 했던 시절도 있었지만 그야말로 가물에 콩 나듯 했다네.

　자네, 생각이 생각을 반성한다는 말 들어보았나. 내 이야기일세. 그리하여 참 부드럽고 아늑하고 겉보기에 풍성한 곳을 많이도 찾아다녔다네. 사근사근 혓바닥에 구르는 당의정처럼 독이 더 많이 들어 있는 연애시의 마을, 자기가 쓰고도 무슨 말을 썼는지 모르는 해독 불가능한 난해시의 패거리, 요설과 장광설 하나로 포스트모던의 적자임을 강조하는 외국 입양을 못해 안달하는 어린아이 같은 모임, 엄살과 광기로 얼룩진 반장들 동네, 공식을 만들어놓고 언어를 조립하는 조립식 건축업자들의 단체, 한 수 가르쳐주겠다는 도사풍의 시, 끊임없이 남의 시를 조금씩 조금씩 베끼는 쥐새끼들의 시, 주제만 너무 주장하다가 그 주장에 치어 저도 감당하지 못할 말을 주저리주저리 동어반복하는 사람들까지 수없는 마을과 동네를 기웃거렸다네.

　한때는 그 사람들과 들고나면서 만고풍상을 겪었지만 결국 문학이란 사람살이에서 오는 눈물겨움 아니던가. 잘 드러나지 않는 그늘의, 배면에 깔려 있는, 생명 있는 것들의 안쓰러움 아니던가. 모시고 섬기는 일에 너무 인색해. 모두들 자기가 제일 잘났다고 착각하는 것이지. 지금 내 말도 내가 그런 과정을 거쳐오면서 부화뇌동했다는 고백을 하기 위함일세. 왜 자기 안에 절을 못 짓고 산으로 가는가. 왜 자기 집 안에 고산준령을 품고 강을 보듬어 바다를 끌어안을 생각을 못하고 떠나기만 하는가. 물론 각처시언(各處詩言)이고 각처시담(各處詩談)이니 기행시나 풍경시가 다 나쁘다는 것은 아닐세. 풍화했으되 뼈는 남아 있어 지금도 전해 내려오는 옛이야기에도 그런 일이 있었지. 거 뭐라, 밖에 나가서 찾다 찾다가 못 찾고 헤맨 끝에 스승께 물어보았더니 지금 당장 집으로 가보거라 맨발로 뛰어나와 반기는 사람이 바로 부처니라 했던. 일상의 작고 사소한 부분을 시에 담으면 좀팽이라고 무시하고 멀리 떠나 우리가 잘 보지 못하는 풍광을 노래하면 크고 장엄하다고 착각하는데, 이것 참 큰 병폐 아닌가.

먼저 이곳에서 시작해야 하지 않겠나. 먼저 이곳에서 부딪쳐서 피 흘리고 해결하지 못하면, 견디지 못하면, 섬기고 모시지 않으면 거기 가서도 별로 얻을 수 없다는 말일세. 설사 얻는다 하더라도 사흘 밥 굶어 얻어 입은 양복저고리에 불과하겠지. 오래전 중국의 어떤 천재 화가도 그랬다네. 가장 그리기 쉬운 것이 귀신이었다고 말이야. 귀신을 본 사람이 별로 없으니 당연한 이치겠지. 그럼 무엇이 가장 그리기 어려우냐 물었더니 개나 말이라고 답하더래. 사람들이 가까이에서 자주 보는 것들이라 자칫 잘못 그리면 욕먹는다고 말일세. 소인은 산으로 숨고 대인은 사람 속으로 스며든다는 말 자주 들었겠지. 그리하여 소소한 일상을 노래하는 작품이 가장 쓰기 어려우며 어려운 만큼 가장 크고 장엄한 노래일 수도 있다는 말일세.

〈나무젓가락 단청〉이나 〈흠집〉, 〈금강초롱〉과 〈송화〉와 〈수로(水路)〉를 비롯하여 자네의 수많은 작품 중에서 일상의 작은 말씀들이 어떻게 우주적 발언의 차원으로 변해가는지 똑똑히 볼 수 있어 반가웠다네. 여러 고장들을 두루 돌아다닌 끝에 얻은 뼈저린 참회이네. 내 "깡마른 고행의 자리가 / 슬프게도 더 늦게 썩을" 무릎을 보여주겠네. 바위만큼이나 굳은살이 박혀 있지? 반성도 조금만 시간이 지나면 굳어 쓸모가 없다네. 따끈따끈할 때 꿇어야지. 세상 모든 샘이나 연못, 저수지나 강이나 바다는 이 생각들이 흘린 반성의 눈물이 모여 이루어졌다네. 그래도 아직은 깨끗한 편인 우리 우주의 말씀들도 이렇게 통한의 반성을 하며 사는데 하물며 짐승 중에서 그중 하층에 속하는 자네 같은 인간들이야 두말하면 잔소리 아닌가.

자네가 즐겨 가서 노는 나무를 닮게나. 나무를 쓰다듬고 있는 흙을 닮게나. 세상 모든 만물을 떠받들고 있는 어머니의 품성까지는 못 가더라도 시집 《제비꽃 여인숙》 3부에 실린 여러 작품 속에서 새로운 가능성을 발견하고 반가웠다네. 이제 앞으로 자네에게 들를 때는 봉두난발이나 도포자락 다 벗어던지고 자네 누님이나 아내, 어머니나 할머니의 모습으로 갈 터인즉, 맘 변하지 말고 지금처럼 반겨 맞아주게나.

 진정한 요리사는 재료가 변변치 않을 때 빛나는 법이다. 다시 한 번 강조하건대 도대체 요즈음 음식은 맵고 짜고 시고 달고 떫어서 먹기가 영 거북한 경우가 많다. 너무 많은 재료들을 처넣어서 무슨 맛인지 감지하기가 어렵다. 때로는 말이다, 무 한두어 조각하고 멸치 몇 마리 넣고 맑게 끓어낸 장국이 얼마나 깔끔하고 담백한가. 두드리고 반죽한다고 모두 도자기를 빚어낼 수는 없다. 흔한 밀가루 반죽 하나만 봐도 오래 치대고 차지게 반죽해서 애호박 썰어 넣고 끓인 다음 훌훌 들이마시는 수제비는 어떠한가. 여럿이 어울려 흘러내리는 땀방울을 바라보며 호탕하게 웃어젖히던 여름밤 멍석자리는 또 어떠한가.

 일상의 자잘한 세목들을 훌륭하게 두드리고 반죽해서 윤기 자르르한 가정을 꾸린다면 시를 쓰지 않아도 참시인이리라. 이정록의 자리가 여기에 있다. 청소를 해봐도 금방 안다. 빗자루를 어떻게 잡아야 먼지 안 나게 마루를 쓰다듬는지, 걸레를 어떻게 이용해야 여러 번 빨지 않고(물 낭비하지 않고) 빛나게 닦을 수 있는지, 빨래는 어떻게 널고 개는가, 설거지는 또 어떻게 뽀드득 소리나게 할 수 있는가. 능통한 사람들은 항상 간단하고 쉽게 정리하여 다른 사람의 손이 다시는 미치지 않게 잘도 해놓는다. 이 간결함이, 이

단순함이 어머니 마음이다. 채색의 마지막 경지가 하얀색이라고 들었다(백자는 청자의 완성이란 말도 있다). 어머니 마음은 가을 햇살처럼 맑은 국물이 우러나올 때까지 세상 모든 만물을 쓰다듬는 마음이다. 문도 잠그지 않고 밑반찬에 소주 대(大)병 하나 손닿기 쉬운 곳에 놓아두는 마음이다. 집을 비워도 오신 손님 섭섭지 않게 대접하는 맨 나중의 마음이다.

그러면 이정록의 《제비꽃 여인숙》을 통틀어 일관되게 주장하는 이 어머니 품성은 어디에서 비롯되었을까? 물론 어렸을 때부터 체득하여 누가 가르쳐주지 않아도 스스로 깨달았겠지만 무엇보다 먼저 절차탁마에서 왔을 것이다. 《시경》에 나오는 아름다운 노래처럼 자르고 다듬어서, 쪼고 또 쪼아서, 갈고 또 갈아서, 이 터지고 깨진, 이 거칠고 못난 몽유의 인간사를 '취수장의 물처럼' 아연 활기차게 돌려놓는다. 이 정수장에 이르기까지 얼마나 많은 파지의 하수도를 통과했겠는가.

그도 살얼음 밑으로 흘러가는 썩은 물을 보았을 것이다. 썩은 물도 바위를 굴려 자갈을 깎아 모래언덕을 이루고 삼각주를 만들어 물고기들을 품고 있다. 놀랍지 아니한가? 썩은 물이 수초를 키우고 썩은 물이 새들을 불러 모으고 썩은 물이 강가의 풀을 꽃피우게 하다니. 썩은 물은 정작 자기가 썩은 물이라는 것을 잘 모른다.

상류에서 내려온 깨끗한 몸이라고 착각하는 것이다. 물들어 있다는 것을 모른다. 제가 지나간 자리에 가쁜 숨을 몰아쉬는 물고기며 퍼렇게 독이 퍼진 모래밭이며 병들어 피었다가 지는 강가의 꽃에 비추어 자신의 몸이 그런 대로 깨끗한 편이라고 착각하며 살아간다. 더군다나 멋모르고 날아온 몇 마리의 새가 수묵화를 그리고 있으면 이건 참 속기 쉬운 일이다. 썩은 물이 자신이 썩었다는 것을 깨달았을 때는 너무 넓고 깊이 흘러왔기 때문에 발을 빼기에는 이미 늦다. 돌이키기 어렵다. 요즈음은 위부터 아래까지 온통 썩지 않은 것들이 없다. 오히려 더 많은 무리들을 이끌고 넓게 퍼져 나가는, 내성이 강해 잘 죽지도 않는, 단칼에 물고를 내도 시원찮을 저 썩은 것들의 이전투구, 오도방정을 보고 얼마나 치를 떨었을까.

그러나 이정록은 화를 낼 때도 큰 소리를 내지 않는다. "정작 뚜껑이 열리고 / 돌아버릴 것 같은 때에는 / 병 뚜껑이라도 / 속 썩여야 될 것 아닌가 / 병 모가지라도 / 욕설바지가 되어야 할 것 아닌가" 자성부터 하고 본다. 소주병을 이로 따던 악다구니의 시절에 얻은 몸의 병이 꽤나 깊을 만도 한데 서너 번의 껍질을 벗은 삼십대 중반의 나이에 하늘의 소리를 들어 병을 다스리는 경지에까지 이르렀단 말인가. "병을 다스린다는 거, 저 거미줄처럼 느슨해져야 하는구나, 처마 밑으로 비를 긋는 거미처럼 때로는 푹 쉬어야 하는구나." 이렇게 짐짓 눙쳐놓고도 쉴 줄을 모른다.

이게 어머니의 마음이다. 어머니는 쉴 줄을 모른다. 수없는 반복이 능통을 낳는다. 우스갯소리로 우리가 자주 하는 말, 앉아 삼천리 서서 구만리는 어떤 위대한 정신에서 나온 게 아니라 수없이 반복하는 일상에서 나온다. 똑같은 일을 되풀이하면서 관념에 빠지지 않는 것, 싫증을 내지 않는 것, 울화를 쌓지 않는 것, 늘 새로운 마음으로 다가가는 것. 그것은 쓰다듬고 어루만지는 어머니 마음에서 우러나온다. "껍질을 억만 번 벗어도 수컷은 알지 못한다." 이 모시고 섬기는 삶은 하루아침에 이루어지지 않는다. 자 그러면 베개 밑에는 노트와 볼펜이, 노트 밑에는 절절 끓는 방바닥이, 방바닥 밑에는 누님과 아내와 할머니가 있고 더 밑에는 강이 흐르고 맨 밑바닥에는 하늘이 푸른 보자기를 두르고 있는 현묘한 아랫배로 들어가보자.

> 허벅지와 아랫배의 터진 살을
> 마른 들녘을 적셔나가는 은빛 강
> 깊고 아득한 중심으로 도도히 흘러드는
> 눈부신 강줄기에 딸려 들고파
> 나 문득 취수장의 물처럼 소용돌이친다
>
> — 이정록, 〈강〉 부분

어미가 되어서야 새끼가재들은

물 밑바닥이 자신의 방패였음을 안다

붉노란 알을 한 아름 웅크린 모든 어미들이

이 땅을 짱짱하게 다져왔음을 깨닫는다

— 이정록, 〈가재〉 부분

어둔 방에서 울고 계셨다

이목구비가 사라진 어머니는

커다란 외짝 젖통 같았다

너무 많이 빨아올려서

꼭지가 아스라이 솟구쳐 있었다

— 이정록, 〈쓰라린 젖꼭지〉 부분

그러나 달빛 내리는 뒤뜰 정한수 앞에 서면, 팽팽해지지요 뒷산 대나무처럼 말이에요 온몸이 아랫배인 대나무들은 선 채로 평생 푸른 기도를 올리지요

— 이정록, 〈대나무〉 부분

누가 뭐래도 우리는 "숨소리 싱싱한 방앗간"에서 태어났다. "허벅지와 아랫배의 터진 살"에서 태어났다. 그 강의 젖줄을 빨아먹

고 그 골짜기에서 자라 결국 그 속으로 사라진다. 그 속으로 들어 간다는 것은 단순한 퇴행을 의미하는 것이 아니라, 영원히 사는 일이다. 터진 골짜기는 불멸의, 끝없이 재생 가능한 샘이다. 목마른 수컷들아 멀리 갈 것 없다. 이 아랫목이, 저 똥배가, 그 위에 달린 말라빠진 젖꼭지가 너희들 고향이다. 낮아지면서 풍성해지는 무덤이다. 허물을 수없이 벗고 목이 날아간 빈 병처럼 아슬아슬한 세상을 건너왔다고 큰소리쳐대지만, 어른이 되었다고 지어미와 새끼들 거느린 어엿한 가장이 되었다고 술 취한 어깨를 함부로 흔들어보지만, "껍질을 억만 번 벗어도 수컷은 알지 못한다." 수컷들은 모른다.

　인용구 외에도 이정록은 어떠한 사물을 그리더라도 무릎 꿇고 기도하는 자세로 어린 생명을 받아낸 삼신 할매의 마음을 잃지 않는다. "하늘의 처마 밑에서 / 낙숫물을 받들고 있는 / 세상 모든 어머니라는 돌을" 잊지 않는다. "이제 구멍이 나서 불길까지 솟구치는 솥단지"이지만 병든 땅을 치료해서 새로이 회임을 하는 하느님의 아랫배를 혼신을 다해 끌어안는다. "땅에 닿지 못할 헛발일지라도 / 길게 발가락을 들이"밀어 한세상을 지탱하는 "어미 중에서도 제일 독한 홀어미의" 마음까지 엿볼 경지에 이르렀다. 그리하여 그의 시는 불필요한 장식을 달지 않는다. 지극한 마음은 "살집 넉넉한 마음의 곳간에서" 오랫동안 커왔기 때문이다.

내 일찍이 《벌레의 집은 아늑하다》에서 시작해 《풋사과의 주름살》을 거쳐 《버드나무 껍질에 세들고 싶다》까지 연구에 연구를 거듭하여 쉼표와 마침표, 물음표와 느낌표, 말줄임표를 비롯한 온갖 문장부호 사이에 끼어 있는 먼지와 때와 여백을 읽어내려고 노력했지만 이건 시작부터 과(科)가 다른(나 같은 막노동과로는 어림 반 푼어치도 없는 일이었다) 선택이었다. 파브르나 시튼 같은 곤충학자나 동물학자가 되었든지 조류박사나 나무 연구가가 맡았으면 훨씬 수월한 일이었으리라. 억지춘향도 한두 번이지 무심한 세월은 어느덧 파리똥 새까맣게 달라붙은 형광등 갓이 허옇게 서리 내릴 지경까지 이르렀는데도 이정록의 시에 대해선 한 문장도 제대로 심화 과정을 거치지 않아 체계화된 공부를 하지 못했다. 의례적인 겸손 투의 허사(虛詞)가 아니다. 그러나 기분 좋은 일은 우리 문단 곳곳에 아직까지 눈 밝고 귀 큰 현자(賢者)들이 많이 있어, 그분들의 어깨에 《제비꽃 여인숙》에 어쩔 수 없이 세들어 살았던 힘없고 배고픈 사람들의 가족사와 내 피곤한 몸뚱이를 의지한다. 용서하시라. 다만 그분께서 말씀하신 대로 빠짐없이 적으려고 노력했는데, 세상 모든 나무들의 관세음보살일 뿐, 죽음을 넘어서 쓰다듬는 일로 세상을 키우는 나무들의 관세음보살일 뿐.

이면우

생의 북쪽을
지니고 간다

몸으로 사는 사내의 악전으로 가득하다.

몸으로 시를 쓰는 사내의 들큰한 땀 냄새로 가득하다.

본능에 가깝게 냉철한 삶에서

우러나온 작품들이 수두룩하다.

진정으로 용기 있는 사람만이 뒤돌아볼 수 있다.

ⓒ이강산

이면우 1951년 대전에서 태어났다. 보일러 설치공으로 생업을 삼았다. 나이 마흔이 되어 시를 쓰기 시작했다. 《저 석양》, 《아무도 울지 않는 밤은 없다》, 《그 저녁은 두 번 오지 않는다》 등의 시집을 펴냈다. 현재도 여전히 보일러공이다.

삶은 이렇게 큰 현실이다.

시집《그 저녁은 두 번 오지 않는다》교정본을 백여 번 반복해서 읽다. 소금기둥의 여름과 벌거벗은 겨울을 건너온 남자에게 가을은 너무 가볍다. 낙엽 하나만으로도 먹고살 만하구나.

"나는 여전히 나무다, 라고 목청껏 외치"는 시인이 있다. 성성한 나무에는 벌레가 잘 끼지 않는다. 그늘에서 더 밝게 트이는 눈, 지친 나무에 무수히 매달려 있는 열매들, 숨넘어가기 직전 마지막 안간힘으로 뿌려놓은 새끼들, 벌레는 밑동부터 파먹기 시작한다.

저 캄캄한 땅속에서 몇 억 광년을 썩고 참고 출렁이면서 고여 있던 나무들의 내장이 어떤 보일러공의 섬세한 용접 불빛을 좇아, 그 관 속으로 스며들어 지상에 최초로 나왔을 때 맨 처음 본 것도 눈이 멀 것 같은 강렬한 불꽃이었다. 시인은 전신으로 뛰어든다. 거듭 죽어 거듭 태어나지 않으면 안 되리라. 소신공양이다.

나를 태워 너희들이 따스해지고, 나를 두드려 너희들이 산다면, 내 기꺼이 죽어주마. 녹아주마. "때가 되면 육신을 들어 네게 바치겠다."

여기 불을 피워 삶을 녹이는 사람이 있다. 삶은 그 자체로 놓아두면 도대체 뻣뻣하고 딱딱해서 쓸모가 없을뿐더러 깎을 수도 다듬을 수도 휠 수도 없으며 볶거나 데치거나 삶거나 구워 먹을 수가 없는 아주 지독한 놈이다. 가만 놔두면 금방 곰팡이가 슬고 쉬어빠져서 그냥 내다버릴 수밖에 없는 게 삶이라는 놈이어서, 요놈은 그저 아침저녁으로 뜨거운 맛을 봐야 정신을 차린다. 커다란 도가니에 넣고 가스와 산소 불대를 최고조에 맞추어 불을 뿜으면 펄쩍 정신을 차리면서 몸을 뒤틀어 길길이 뛰다가 옆구리부터 녹아 살굿빛 액체 상태로 끓기 시작한다. 촛농처럼 부드러워진다. 적당히 붕사를 넣어 소독을 한 다음 틀에 부으면 엿가락처럼 다루기 좋아진다. 요놈을 평모루에 올려놓고 망치로 조곤조곤 두들겨대면 반지는 반지 비슷하게 귀걸이는 귀걸이 형태로 목걸이는 목걸이 모양대로 휘어지고 구부러지면서 서서히 새로운 몸으로 다시 태어날 준비를 한다. 삶은 두드리면 두드릴수록 강해진다. 질겨진다. 촘촘해진다. 깎으면 깎을수록 빛이 난다. 쪼면 쫄수록 엄정해진다. 닦으면 닦을수록 광채가 난다.

불을 피우는 사람이다. 가장의 책임에 대하여 끊임없이 돌아보고 자기 암시를 거듭하는 것이다. 거의 알레르기를 가지고 있는 듯 보인다. 하긴 부인이나 자식들에게 기대어 피 빨아먹는 시인이 있다면, 그가 아무리 훌륭한 작품을 쓴다고 해도 허공에다 집 짓는 일에 다름 아닐 것이다. 삶은 문학보다 투철해야 하고 엄격해야 하기 때문이다. 거듭 강조하지만 좋은 삶에서 좋은 문학이 나온다. 투철하고 엄격한 삶은 자연에게서 배운 듯하다.

군불을 피운다. 태우면 고분고분해진다. 성깔 있는 거친 것들도 얌전해진다. 분노를 은근하게 굽는다. 불을 안으로 삼키는 구들장을 보라. 너희들의 편안한 잠자리를 위하여, 피둥피둥 살이 오른 너희들을 마약같이 부드럽게 죽이기 위하여, 불은 불 같은 생명을 무수하게 죽인다. 구족(九族)을 멸하거라. 하늘은 연기를 삼키고 굴뚝은 구들을 삼키고 구들은 불을 삼켜 독을 만든다. 극약처방이다. 따뜻하다고 방심하지 말라.

언제였더라? 기억이 아슴아슴하다. 대전에 사는 친구가 달필로 휘저은 A4용지 한 장 분량의 편지와 빨간 겉표지가 유난히 촌스럽던 시집을 부쳐온 것은. 그 편지 속에는 아파트 보일러실에서 일을 하는 한 평범한 사람이 잘 알려지지 않은 지방 출판사에서 시집을 냈으며 작품이 깜짝 놀랄 만하게 좋다고 한번 읽어보라는 꽤나 들뜬 마음이 담겨 있었다.

이 나라는 여러 수난을 겪어왔으면서도 겪은 만큼 축복 또한 많이 받아 가는 곳마다 시인이 넘쳐나고 도처에 시집이 쌓여 있다. 그 즈음, 나는 시를 읽는 고통스러움에 넌덜머리가 나 있었다. 하물며 이름도 처음 듣는, 지방에 사는 그렇고 그런 시인으로 미리 짐작하여 어디 방구석으로 던져버리지 않았나 모르겠다. 좁은 땅에서, 그것도 문단이라고, 작품보다는 뿌리 깊은 도제 의식과 파벌로 갈라져, 학연과 지연과 혈연과 술상 밑에서 맺은 끈끈한 인연으로 이리 쓸리고 저리 휩쓸리는 것을 경험한 눈으로는 만사가 귀찮기도 했고, 우선 그 한 귀퉁이에 들지 못해 안달하는 내 자신이 싫어서 기회 있을 때마다 글 쓰는 일을 집어치우고 가능한 한 몸으로 부딪혀 먹고살기를 바랐던 시절이었다. 막노동과 우유 배달을 거쳐 술집을 하려다 실패했고 농사를 지으려고 마음먹었으나 그마저 여의치 않아 지친 마음으로 술을 벗 삼아 취생몽사의 시간을 보내고 있을 때였다. 주야장천 술자리 끝에 해장국 집도 문을 열지 않은 새벽에, 목은 타고 속은 쓰리고 이마는 불가마로 지끈거릴 때 거듭 비운 찬물 주전자 옆에 며칠 전 던져버렸던 시집을 무심코 뒤적거렸나보다.

이면우의 시를 읽어보면 가족의 생계를 책임진 가장이 그 가족을 위해 몸으로 체험할 수 있는 모든 상황이 다 나온다. 남의 힘을 빌리지 않고 소박하게 자신의 몸뚱이를 바쳐 소신공양해온 가장의 절절한 삶이, 복부비만의 삶을 살아가고 있는 2000년대의 약하디약한 남자들을 등 서늘히 반성케 한다. 엄정한 삶에서 엄정한 작품이 나온다. 이면우의 이번 시집《그 저녁은 두 번 오지 않는다》는 몸으로 사는 사내의 약진으로 가득하다. 몸으로 시를 쓰는 사내의 들큰한 땀 냄새로 가득하다. 본능에 가깝게 냉철한 삶에서 우러나온 작품들이 수두룩하다. 진정으로 용기 있는 사람만이 뒤돌아볼 수 있다.

  삼백예순다섯 날을 통틀어 강수량이 50밀리미터도 안 되는 사막에서 오래 견뎌온 동물들은 어떻게 해서든지 살아남으려고, 주위 환경에 적응하기 위해 무언가 나름대로 독 하나쯤은 몸 안에 숨겨두기 마련인데, 이면우 시인의 시집을 수십 번 반복해서 읽어보아도 잇똥 냄새나는 침 한 방울 찾을 수가 없었다. 왜 그럴까? 어디를 뒤적여봐도 깔끔하고 풍성하고 고맙고 감사하다. 그 흔한 모래폭풍도 없고 가시로 무장한 덤불도 없고 전갈이나 도마뱀이나 신기루도 보이지 않는다. 풍성하다. 왜 그럴까?

  술, 담배를 전혀 하지 않는 아담한 체구에 음식을 먹을 때 무조건 곱빼기를 시키는 이면우 시인은 개성이 퍽 강한 사람인데, 지금은 널리 사용되는 김치냉장고의 원조 격인 김치가 쉬지 않는 김장독을 비롯하여 여러 가지 특허를 가진 것은 잘 알려져 있으므로 새삼 다시 이야기할 거리도 못 되고, 자신이 잘못되면 당장 가족의 안위가 위협받는지라 대중교통 수단 중에서도 덩치 큰 것을 이용하고 아예 자전거를 타든지 걸어 다니는 편을 택하는 성격 이외에도, 외부에 행사가 있어 바깥나들이라도 할라치면 꼭 칫솔을 챙겨들고 그곳이 어떤 곳이라도 음식을 먹으면 기어코 이를 닦아야만 직성이 풀리는 사람이면서, 절대로 오입을 하지 않으며, 잘 꺼내지 않는 지갑 속에 지폐 대신 부인이 정성스레 적어준 참을 인(忍)자 석 자를 가슴 깊이 넣고 다니는 사람이다. 휴대전화를 구입한 일 외엔, 그의 가벼운 지갑 속에는 수표도 없고, 흔한 카드도 없고 고액 지폐도 별로 안 보이고 참을 인 자를 세 번 적은 하얀 종이가 들어 있다. 그러니까, 무슨 일이 있어 지갑을 열면 돈보다도 먼저 참을 인 자가 보인다. 돈을 참는 것이다. 여자를 참는 것이다. 술을 참는 것이다.

  십 년이면 강산이 변한다는데 십 년이 넘게 술, 담배를 끊고 그는 무엇을 했을까? 작은 집을 샀고, 아이를 키워왔으며 약간의 저축과 적선, 무엇보다도 시를 썼다. "낡아가며 새로워"졌다. 그게 무엇이든 이면우 앞에 가면 기어이 긍정의 큰 우물로 바뀌고 만다.

"무릎 아프다는 말, 일터에서 입 밖에 내지 않고 견뎠다" 할 정도로 그는 독한 사람이다. 사실 참을 인 자 세 글자가 이면우 시인의 모든 삶을 대신한다. 그의 삶이 그랬다. 옛날 우리 어머니께서도 늘 그러셨다. 참을 인 자 세 번이면 살인도 면한다고 말이다.

무엇이 그를 그렇게 만들었나? 두말할 것 없이 가족이다. 한국전쟁이 일어나던 해에 태어나 1960년대 보릿고개를 넘어 70년대의 산업화와 80년대의 군사독재를 거쳐 90년대의 가짜 고도 성장을 고스란히 몸으로 감내하면서 학력 별무의 인생으로 그가 참아냈던 것은 무엇일까? 참을 수 없는 세월을 보내면서 참을 수밖에 없는 그의 내면은 얼마나 끓어올랐을까? 왜 그는 화를 낼 줄 모르나? 왜 분노를 밖으로 표출할 줄 모르나? 작은 것에서부터 시작해서 그는 그냥 도처에 감사하고 고마울 따름이다. 왜 그럴까? 삶의 대긍정에 이르기까지 그가 겪어내었을 신산고초의 인생을 어렵지 않게 짐작하고도 남겠는데, 도무지 욕 한 마디 할 줄 모른다. 무엇 때문에 칼날이 심장을 찌르는 듯한 고통을 세 번 참아야 하는 것이며, 수염이 마디마디 끊어지는 고통을 세 번 이상 참아야 하는지 돌아보지 않을 수 없다. 시시때때로 나이를 자각한다는 것은 철저하게 살아보지 못한 사람은 깨닫기 어려울 것이다. 흐트러진 삶에서는 엄정한 문장이 나오지 않는다.

진지하다 못해 비장하기까지 하다. 쫀쫀하다고 비난하지 마라. 그리고 한 턱 내며 우쭐대고 싶은 마음이 없겠는가. 하지만 그게 무엇이든 한 움큼이라도 쥐고 들어가지 못하면 아내와 자식이 굶어 죽는 처절한 생활을 해보지 않은 사람은 모른다. 3천 원짜리 점심값이 부담이 되어 일터에서 제법 떨어진 대전시청 구내식당까지 가서 1천8백 원짜리 밥을 먹고 오는 쉰 넘은 가장의 마음을 요즈음 사람들은 쉽게 이해하지 못할 것이다. 그것도 점심을 일부러 늦게 먹는다. 일찍 먹으면 저녁 퇴근길 버스 안에서부터 배가 고파오기 때문이다. 이게 2001년 연봉 1천380만 원짜리 계약직 보일러공의 현실이다.

한 푼이라도 아끼려고 내 방으로 통하는 보일러 관을 막았다. 전화도 끊고 신문도 끊고 편지는 받기만 하고 답장은 피하고 우유도 끊고 일 년에 한 번씩 올리던 세배도 걸렀더니 북향인 내 방은 봄이 와도 냉골이다. 다 틀어막아도 마지막 끈인 가족은 버릴 수 없어 아내와 아이가 자는 안방은 열어둘 수밖에. 텅텅 툭툭 자그락자그락 둥근 관 속에서 다툼이 한창이다. 고여 있던 찬물 밀어내고 따뜻한 물 들어오니 밥상 위의 전등도 새벽까지 환하다. 밤참을 먹으려고 부엌문을 열자 문밖이 세상 밖이다. 거실은 누가 덥히나. 저 문을 나서면 복도가 있고 마당이 있고 누군가 새벽 거리를 쓸고 나르고 봄을 퍼 올리고 씨 뿌리고 거름을 낼 것인데, 문 열고 손을 잡고 온기를 나누고 있을 텐데, 환하게 불 밝히고 첫 손님을 기다리고 있을 텐데. 나를 아낀다는 게 나를 버리는 일이었구나. 내 가족을 돌본다는 일이 더 많은 이웃을 떠나보냈구나. 열지 않으면 돌지 않고 돌지 않으면 고여 죽는다. 다 함께 죽는다.
"누구라도 자기 안에 생의 북쪽을 지니고 간다."

마흔, 귀신도 무섭지 않은 나이가 된 것이다. 그렇게 많이 포기하고 버려도 아무렇지 않은 나이다. 피도 삭고 뼈도 삭고 정신도 삭아 자꾸 무너지는 나이다. 혼자 있어도 아무렇지 않은 나이다. 이 문장을 쓰는 데 꼬박 사십 년이 넘게 걸렸다.

내 나이 마흔이 넘어서도 술, 담배를 끊지 못한다. 풍경이 운다. 바람이 불자 흔들리면서 운다. 깨어 있으라고, 자면서도 깨어 있으라고 흔드는 게 아니라, 마음속 바람이 일렁이기 시작하면, 엉뚱한 곳에서 바람이 꿈틀대면 각성하라고, 바람 따라 이리저리 몰려다니지 말라고 불혹의 풍경이 운다.

세상 끝에서 세상 끝으로 기러기 날아간다. 춤꾼이 발가락 상처를 두려워하랴. 상처가 춤을 멈추게 할 수는 없다. 포기할 수 없다. 그것은 겁쟁이들이나 하는 짓이다. 손 공구 들고 악착같이 날아가야 할 저 아파트 숲 어디쯤 아내와 아이가 기다리고 있겠다.

덤으로 사는 게 아닌가. 그때 그 자리에서 숨을 놓아버렸다면 누가 내 시신을 처리하고 울어줄 것인가. 거듭 태어난 것 아닌가. 봉사하라고, 죄 지은 거, 이 세상에 태어나서 아까운 시간 낭비한 죄, 갚고 가라고 우선 가족에게 최선을 다해 책임을 다하라고 살려둔 게 아닌가. 주위 사람들에게는 원래 내 것이 아니었던, 현재 내 것으로 등록된 모든 것을 다 퍼줄 것. 다시 사는 삶 아닌가. 복 받은 일은 또 글 쓰는 재주도 주시지 않았는가. 시까지 주시다니, 평생 갚아도 갚지 못할 이런 엄청난 선물을 주시다니. "머나먼 저곳 스와니강을 부르며 / 꿈결처럼 다가오는 저 아이들……."

"그런디 말이여, 내가 말이여, 산골에서 살아봤고 호숫가에서도 살아봤고 도시에서도 살아봤지만 바다 근처에서는 못 살아봤거든, 내 꿈이 바다가 보이는 곳에서 한번 살아보는 거란 말이여. 해서 바다 가까운 곳에 일감이 있다길래 무조건 따라갔어. 잘하면 한번 뿌리내리고 살아보려고 말여. 근디 말이여, 아, 일주일을 못 버티고 마누라 옆으로 돌아오고 말았제. 참 내 그 좋은 직장을 그냥 버린 것이지. 월급도 괜찮고 대우도 좋았는디, 한 일주일 정도 혼자 있으니께, 다른 것은 모두 참아내겠는디, 이게 일어서서 죽지를 않는거라. 큰일이더구만, 달고 있는 게 그렇게 거추장스러운지 마누라랑 있을 때는 잘 몰랐는디. 창피해서 원. 용접이고 배관이고 통 일을 제대로 할 수가 있어야제. 야중(나중)에는 그게 그러니께 조청이나 깨죽처럼 끈적끈적해지다가 국수 가닥처럼 딱딱해지는 거라. 큰일 났대. 이러다가 막혀서 사리 되는 거 아닌가 싶더구만. 막히면 죽는 거잖어. 안 그려?"

겨울바다는 검푸르러서 무슨 먹구렁이처럼 뒤채며 허연 배를 보여주고, 바람은 포장을 걷어내고 번개탄 불은 사위어간다. 몇 개 남은 조개구이는 거품을 뽀글거리다 잦아들고 숫제 피딱지처럼 졸아붙었다. 소주잔도 바람에 출렁거린다.

"정말로 그렇게 쎄요?"

"그런디 말이여, 아까 점심때 나 먹는 거 못 봤는가? 아직까지 보통은 양에 안 차. 늘 곱빼기여. 내 체구에 그것이 어디로 가졌는가? 다른 것은 몰라도 이날 이때껏 마누라가 볶는 것을 못 봤다고. 날마다 안 허면 뭔가 허전해서 잠이 안 온다니께. 최소 두 번, 최대 하여튼지간이고. 그런디 말이여, 자네는 어뗘, 성생활은 문제가 없는가?"

"성님도 참, 벌써 반년간지로 내려앉어서 곧 연간지를 거쳐 폐간지가 될지 모르는 사람한테……, 부럽습니다. 작년까지만 해도 어떻게 해서든지 계간지로 찍어냈는디. 모르것습니다. 신혼 초에는 저도 신문 들어올 때 한 번, 주간지 나올 때 한 번, 참 좋은 시절도 있었는디……."
 "어, 어 믿어지지 않네. 아, 지금 나이가 어떻게 되는디? 큰일이시. 농담인 줄 알지만 말이여."
 서쪽 바다로 넘어가는 검붉은 해를 바라보는 시인의 머리칼이 억새처럼 흔들린다. 시인은 어느덧 쉰이 넘었다.

 여전히 냉골하고 동침이다. 나 아무리 뜨거운 남자라 해도 오직 체온으로만 덥힐 수 있는 구들장이 너무 넓다. 꼬질꼬질 땟국 정다운 이불 펴고 누우니 미적지근해진다. 그대 아직도 추운가? 견딜 만한가? 올겨울에는 중국산 무쇠난로라도 들여놓고 나무하러 다녀야겠다.

 닭이 울었다. 닭이 울었다는 사실은 귀신이 물러갔다는 신호이다. 그러나 나는 붙잡고 안달한다. 시의 귀신이여, 내게 더 오래 머물다 가거라. 늦잠을 자도 깨우지 않으마. 밥 주고 술 주고 여자까지 붙여줄 테니 부디 이 집에서 오래 머물다 가거라. 닭은 단칼에 때려잡으마. 새벽은 단칼에 무릎 꿇게 할 테니, 항복문서 받아올 테니, 제발 나가지 마라. 박용래 시집을 겉표지 너덜거릴 때까지 끼고 일하러 다닌 시인에게는 일찌감치 수건을 던졌다. 인정하마, 내 잘못 살았다는 것을.

이면우의 시에는 이런 문장이 숨어 있다.

- 건물 주변 보도블럭 틈새 잡초제거 작업
- 가스 정압실의 가스 누설 검지 작업(이상 없음)
- 화단 살충제 살포 작업
- 소방 펌프 가동 시험
- 식당 형광등 2개 교체
- 주차장 진입로 중앙선 도색
- 4층 금연실 출입문 강화 유리와 알루미늄 프레임 접촉
- 지상 주차장 백선 도색 작업
- 3층 화장실 문짝 알루미늄 케이스 탈락(수리했음)
- 2층 화장실 소변기 수리
- 건물 주변 대청소

삶은 저렇게 큰 문학이다.

이원규

아니 갈 수 없는 길

지리산을 만나면 지리산이 되고, 섬진강을 만나면 그대로

강물이 되는 사내, 강물보다 더 부드러운, 모래처럼 낮고

깊은 사내 하나 여기 있습니다. 예수와 붓다, 원효가

걸어간 길, 걷고 있는 길, 앞으로도 걸어가야 할

길을 묵묵히 걸어가는 사내 하나 여기 있습니다.

ⓒ김홍희

이원규 1962년 경북 문경군 하내리에서 태어났다. 1984년 《월간문학》, 1987년 《실천문학》을 통해 시 창작 활동을 시작했고, 시집 《강물도 목이 마르다》, 《옛 애인의 집》, 《돌아보면 그가 있다》, 《지푸라기로 다가와 어느덧 섬이 된 그대에게》, 《빨치산 편지》 등과 산문집 《멀리 나는 새는 집이 따로 없다》, 《지리산 편지》, 《길을 지우며 길을 걷다》, 《벙어리달빛》 등을 펴냈다. 1998년 신동엽창작상, 2004년 평화인권문학상을 수상했다. 순천대 문예창작학과와 지리산학교에서 강의를 하고 있다.

그대를 보낸 뒤

내내 노심초사하였다

행여

이승의 마지막일지도 몰라

그저 바람이 머리칼을 스치기만 해도

갈비뼈가 어긋나고

마른 갈잎이 흔들리면

그 잎으로 그대의 이름을 썼다

청둥오리 떼를 불러다

섬진강 산 그림자에 어리는

그 이름을 지우고

벽소령 달빛으로

다시 전서체의 그 이름을 썼다

별자리들마저

그대의 이름으로

슬그머니 자리를 바꿔 앉는 밤

화엄경을 보아도

잘 모르는 활자들 속에

슬쩍

그 이름을 끼워서 읽고

폭설의 실상사 앞 들녘을 걸으면

발자국,

발자국들이 모여

복숭아뼈에 아로새긴 그 이름을

그리고 있었다

길이라면 어차피

아니 갈 수 없는 길이었다

— 이원규, 〈뼈에 새긴 그 이름〉 전문

무련,

가끔씩 바다에 다녀오곤 합니다. 오늘 같은 날은 눈까지 내려 참

근사했습니다. 요 며칠 사이, 이곳 서해에는 봄을 시샘하는 눈이 많이 내렸습니다. 집에서 한 삼십 분 정도 서쪽으로 달려가면 넓은 모래밭을 낀 해수욕장이 나오는데 심심하면 갑니다. 무어 낚거나 건지러 가는 것은 아니고, 그냥 텅 빈 바다를 멍하니 바라보고만 옵니다. 게심심하지요. 어떤 때는 컵라면을 먹고 오기도 합니다. 슈퍼에서 1천 원짜리 김치를 사서 함께 먹으면 꿀맛이고 조금 호사를 부리자면 대형 마트에 가서 김밥 두 줄을 사면 끝내줍니다. 또 어떤 날은, 집에서 아예 식은 밥과 김치를 싸들고 갑니다. 사위어가는 노을 속에, 바다 밑으로 가라앉는 해를 보며 컵라면에다 식은 밥을 말아먹는 맛이란 얼마나 호톳* 한지, 제게도 이런 시간이 있다니! 하고 말이지요.

　오늘은 그냥 자판기 커피 한 잔 뽑아 먹고 왔습니다. 차 안에서 박남준의 시낭송이나 한창훈이 녹음해다 준 바이올린이나 첼로 곡을 듣다가 때론 아내가 좋아하는 라틴 음악을 조용히 듣습니다. 바람은 거세고 파도는 높았지요. 멀리 깜빡이는 항해등이 보입니다.

　따뜻한 차 안에서 커피를 마시고 음악을 듣는 동안에도 삶은 가차없이 매몰찹니다. 거친 곳에서 밤새 높은 파도와 싸우는 사람들

---

* 호젓하고 한가롭고 평화스러운 혹은 고요하고 사람이 많지 않은 상태를 표현하는 전북 장수 사투리.

이원규

때문에 지금 이 시간이 가능한 것이지요. 가까이에 바다가 있다는 것은 축복이 아닐 수가 없습니다. 우린 늘 가까이 있어 소중한 사람들을 놓치고 사는 것은 아닌지요. 눈보라와 함께, 캄캄한 바다에서 밀려오는 높은 파도와 짐승이 토해놓은 버캐처럼 싱싱한 흰 포말을 뒤로하고 천천히 돌아옵니다. 커피 냄새 엷게, 싸아하니 가슴을 훑고 지나갑니다.

무련,

밤이 깊어지면서 눈은 점점 폭설로 변했습니다. 텔레비전을 보니 3월 들어 백 년 만에 내린 폭설이라고 하더군요. 화면에 보이는 나뭇가지마다 탐스럽게 내려 쌓인 눈꽃을 보면서 탄성을 내지르기도 했지만 금방 거두어들일 수밖에 없었습니다. 한 나라의 동맥이라는 고속도로가 막혀 수많은 사람들이 차 안에서 추위와 배고픔에 시달렸고, 농촌에서는 채소와 과일, 가축을 기르는 농사꾼들이 내리는 눈 무게를 이기지 못해 폭삭 주저앉는 지붕을 바라보며 망연자실해 있습니다. 자연 앞에서 어쩔 수 없이 무력해지는 게 인간이라고는 하지만 미리미리 대비하고 침착하게 대처했더라면 이렇게 큰 희생을 치르지는 않았을 겁니다. 이런 큰일이 일어날 때 누구보다 더 많은 희생을 치르는 사람들은 언제나 가난하고 힘없는 백성이라는 것을 잘 알고 계시겠지요. 연료마저 떨어진 캄캄한 밤, 얼음장 속 같은 차 안에서 추위와 배고픔에 떨었을 노약자, 임산부, 어린아이 들을 생각하면, 이 한심한 나라의, 한심한 관리들의 행태에 그저 답답한 가슴을 칠 수밖에요. 어디 한두 번 일어나는 일인가요. 새삼 아무 생각 없이 앞만 보고 달려온 우리들의 삶을 다시 한 번 냉정하게 반성할 때가 아닌가 싶습니다.

악몽 같은 시간이 흐르고 눈은 그쳤습니다. 우수와 경칩이 지났으니 이 땅에도 분명 봄은 올 것입니다. 두텁게 내려 쌓인 산과 들판을 보면서 저는, 지난 3월 1일, 삼일절 85돌(2004년)을 맞이하여 '생명 평화 탁발 순례'를 떠난 친구 이원규 시인을 생각했습니다.

무련,

당신도 잘 아시겠지만 이원규 시인은 태어날 때부터 길의 아들이었지요. 걷는 일로 자신의 존재를 증명해 보이는 보기 드문 사람입니다. 아수라 화탕지옥 같은 서울 생활을 정리하고 지리산으로 들어온 지 어언 칠 년, 그는 하염없이 걸었습니다. 날로 날로 오염이 가속화되어 썩어가는 낙동강 1천3백 리를 걸었고 지리산 850리와 백두대간 1천5백 리를 걸었으며 새만금 살리기 삼보 일배를 지원하며 부안에서 서울까지 걷고 또 걸었습니다. 누구나 하기 쉬운 자기 혼자만의 해탈이나 득도를 위해 걸은 것이 아니라,

이 땅의 산과 강을 위해, 억울하게 죽어간 사람들을 위해, 점점 죽어가는 바다와 갯벌을 위해 걸었습니다. 우리들의 한 많은 죄를 대속하기 위해 걸었습니다.

 무련,
 겉으로 보기엔 나약할 것 같은 후리후리한 몸에 시를 쓰는, 저 섬세한 눈매 속에 어떤 강단이 들어 있는지는 몰라도 이런 일은 아무나 할 수 없는 일입니다. 무엇보다 중요한 것은 앞에 나서서 걷지 않는다는 일이지요. 그러고 보니 이원규 시인은 체질적으로 남 앞에 나서는 것을 싫어하는지도 모르겠습니다. 제가 친구 이원규를 만난 지난 칠 년여 동안, 자주 만나지는 않았지만 그런 느낌을 받았습니다. 피아산방이나, 섬진강변 마고실, 지금 살고 있는 문수골의 외딴 집에서 지리산과 구례 섬진강변의 좋은 사람들과 만나서 술이라도 마실 때 보면, 그는 늘 소리 없이 뒷자리에 앉았지요. 웃으면 눈이 가늘어지고 치아가 고른 그의 아내의 웃는 소리가 더 크게 들릴 때가 많았습니다. 앞에 나서기보다 뒷일을 감당하는 사내였습니다. 묵묵히 뒤치다꺼리를 하는 표 안 나는 사내였지요. 있는 듯 없는 듯, 그러나 꼭 있어야 할 자리에서 뒷감당 다 하는 사람이지요. 그러니 얼마나 상처가 많겠습니까. 돌이면서 거울이면서 부처 같은 사내이지요. 그림자로 말하는 사내였어요.

아니, 그림자 뒤에 서 있는 사내였어요. 알고 보면 맨 뒤에 걸으면서 맨 앞에 선 사람이었어요.

무련,
이 세상에서 이런 사내 하나 만나는 거 흔치 않은 일입니다. 지리산을 만나면 지리산이 되고, 섬진강을 만나면 그대로 강물이 되는 사내, 강물보다 더 부드러운, 모래처럼 낮고 깊은 사내 하나 여기 있습니다. 나무를 만나면 나무가 되고 풀 위에 누우면 풀이 되고 산짐승과 같이 있으면 그대로 순한 초식동물이 되는 사내 하나 여기 있습니다. 바람 따라 걸으면 길이 되고 바람이 되고 구름이 되고 별이 되는 수줍은 사내 하나 여기 있습니다. 무련, 당신을 만나면 사무치는 울음이 되는 사내 하나 여기 있습니다. 중도 아니고 속도 아니고 경전도 아닌, 그러나 중을 만나면 중이 되고 속을 만나면 속이 되고 경전을 만나면 경전이 되는 사내 하나 여기 걸어가고 있습니다. 예수와 붓다, 원효가 걸어간 길, 걷고 있는 길, 앞으로도 걸어가야 할 길을 묵묵히 걸어가는 사내 하나 여기 있습니다.

무련,
이 땅에서 아프지 않은 땅이 어디 있겠습니까. 저는 이원규 시인이 직접 걸으면서 쓴 이 편지 전편(《길을 지우며 길을 걷다》)을 다 읽었지만 어느 한 편도 편지로 읽은 적이 없습니다. 다만, 한 편의 시를 읽었을 뿐이지요. 오랜만에 사적인 편지를 공적인 마당으로 끌어올린 시다운 시를 읽었을 뿐입니다. 한 편 한 편을 우리 각자에게 중요한 화두 하나씩을 던져주는 죽비라고 여기고 읽었을 뿐입니다. 그것은 하찮은 미물에서 시작하여 우리가 흔히 만나는 꽃이나 나무, 산이나 강이나 돌을 비롯하여 그 어느 것 하나 우리와 연결되지 않는 것이 없으며, 그 인연은 차안과 피안의 경계를 허물고 오래전부터 한 몸이었다는, 하나의 몸으로 묶여 있다는 사실과, 뭇 생명이 아프면 우리 몸도 아프다는, 지극히 낮은 곳에 내려와 있는 생명과 평화에 대한 준열한 물음이자 요구였습니다.

 이원규 시인은 걸으면서 직접 느꼈을 겁니다. 만지고 쓰다듬고 사랑하다 보면 한 몸이 아니 될 수 없지요. 자연과 인간이 떨어지려야 떨어질 수 없는 고리로 묶여 있는 게 훤히 보였을 겁니다. 누구보다도 먼저 몸으로 느꼈을 겁니다. 그렇지 않다면 무릎 관절이 다 닳아 없어질 때까지 온몸으로 밀고 가는 오체투지의 행려에 따라나서지도 않았을 겁니다. '생명 평화 탁발 순례'가 우리의 죄를 대속하는 데 가장 중요한 뜻이 있다면 그만큼 우리의 죄가 깊다는 반증이겠지요. 죄는 무량하고 우리네 인생은 찰나에 끝나지만, 끝내 발걸음을 멈출 수 없는 건 '상생의 빈손 여정'이 곧 나눔의 아다움으로 눈부시게 변한다는 사실 때문입니다.

무련,

어쩌면 이런 말도 사치에 불과한 것인지도 모릅니다. 탁발 순례는 생명이니 평화니 하는 거창한 얘기보다, 진짜 한번 참거지가 되어보자는 뜻인지도 모릅니다. 세상 가장 낮은 곳으로 내려온 예수와 붓다가 한번 되어보자는 것이지요. 삶의 가장 밑바닥까지, 막장까지 한번 파 내려가 온몸으로 바닥을 기는 푸른 뱀이 되어보자는 거지요. 말없는 말, 그림자 없는 그림자, 경계 없는 경계, 길에게 온몸을 맡기고 말없이 흘러가는 참다운 거지가 한번 되어보자는 뜻인지도 모르지요.

무련,

눈이 그치자, 눈을 치우고 길을 열며 쓰러진 건물을 일으켜 세우고 아픈 몸에 상처를 치유하는 손길이 보입니다. 아무리 독이 많아도 역시, 사람보다 더 좋은 약이 어디 있겠습니까. 따뜻한 국밥 한 그릇 말아 들고 언 몸을 녹이는 사람들이 보입니다. 우리에겐 절망이나, 마지막이나, 끝이라는 말은 없습니다. 하늘의 끝은 나무 꼭대기이고 나무의 끝은 강물의 처음이지요. 강물의 끝은 산봉우리이고 산의 끝에서 강물은 다시 시작이지요. 시작과 끝이 꼬리를 문 뱀처럼 한 몸으로 돌고 돕니다. 그 한복판에 사람이 있습니다. 저 눈길을 따라, 눈 녹은 발자국을 눈물 점찍어 걸어가는 사람들이 보입니다. 상처 하나에 바늘 하나씩 들고 누더기가 된 이 땅을 한 땀 한 땀 기워나가는 한 무리의 사람들이 보입니다. 그 맨 뒤에 합장하는 마음으로 걸어가는 이원규 시인도 보이는군요. '때로는 독약이 되기도 하겠지만' 그가 당신을 만난 뒤 길 위에서 죽을 수만 있다면 얼마나 행복할까요. 그에게로 가서 치사량의 독약이 되어주십시오.

무련,

그리하여 이원규 시인은 어쩔 수 없이 눈물 많고 정 많은 사내입니다. 병치고는 아주 깊은 병이지요. 병이 깊어지면 어디 가겠습니까. 병 깊은 만큼 산도 깊고 달빛도 깊어 푸른 강물을 물들이고, 무량하여라 바다를 물들이고, 온 우주, 뭇 생명들을 다 물들이겠지요. 하루아침에 이 세상이 흔적 없이 사라진다 해도 당신을 만날 수 있다는 희망 하나만 마음속에 새기고 걷는다면 운수납자(雲水衲子)가 아닌 시인의 길을 택한 그는 후회하지 않을 겁니다. 저 두텁게 쌓인 눈이 녹고, 갈 봄 여름 없이 바람이 불어, 또 은하수 건너 수억 광년이 흐르고 흘러, 그대 눈썹이 희어져 첫눈으로 내릴 동안에도 시인의 발걸음은 멈추지 않을 겁니다. 숨이 끊어지는 날까지 아니 갈 수 없는 숙명의 길이기 때문에 더욱 그렇습니다.

　무련,
　'너무 많이 울어서 눈이 멀어도' 울음 끝에 봄은 오고 꽃은 피겠지요. 도보 고행의 땀 젖은 신발은 지금 어느 길 위에 서 있을까요. 햇볕 따사로운 하늘 아래 잠시 서서 꽃꿈을 꾼 자리, 그 환한 길로 당신 만나러 또, 길 떠납니다.

정낙추

바람 같고 산맥 같고
나무 같은 사람

저녁때 돌아오면 텔레비전 보다 콧소리 요란하게 잠든

아버지 옆에서, 풀의 역사이자 땅의 역사인,

음식, 길쌈, 바느질 솜씨 좋았던, 박꽃 같았던,

이제는 온갖 풍상에 시달려 한 줌 새털 같은 어머니

구부린 등 옆에서, 움벼처럼 싱싱한 아이들 꿈속에서,

어느덧 어머니 닮아 쇠비름 노란 꽃으로 시든

아내 옆에서 밤새워 시를 쓸 것입니다.

ⓒ최경자

정낙추 1950년 충남 태안에서 태어났다. 1989년부터 서산, 태안 지역 작가들을 중심으로 한 문학 동인지 《흙빛문학》에서 활동하고 있으며 2002년 계간 《내일을 여는 작가》를 통해 등단했다. 시집 《그 남자의 손》을 펴냈다.

가을이 다한 들녘은 텅 비어 있습니다. 억새가 손짓하는 끝을 따라가니 서쪽 하늘에 먹구름 잔뜩 인상을 찌푸리고 갑자기 첫눈이라도 내릴 기세입니다. 이곳 서산·태안 지방에서 많이 나는 생강 농사가 올해는 작황이 좋지 않아요. 여름내내 비가 너무 많이 온 탓에 노랑병(뿌리썩음병)이 들어 씨알이 시커멓게 문드러졌습니다. 그나마 드문드문 김장용 배추밭이 푸르게 펼쳐져 타작마당 한 귀퉁이를 살려놓았군요.

바다 가까운 이곳도 한 해 농사를 갈무리하고 길고 추운 겨울을 맞이하려 합니다. 참으로 어려웠던 지난 일 년(1999년)이었습니다. IMF 경제위기 한파는 도시보다 조금 늦었지만 예외 없이 시골에도 진군해서 가뜩이나 힘든 농촌 경제를 여지없이 무너뜨리고 있습니다. 옛날이나 지금이나 상황은 늘 그랬지요. 힘없는 농사꾼들에게는 어느 한 시절 좋았던 때가 있었나요. 주곡 자급률(쌀은 90퍼센트 정도지만 다 합치면 어림도 없죠)이 채 5퍼센트도 되지 않는 아시아의 조그마한 나라, 그중에서도 서해안의 작은 도시인 이곳에도 어김없이 개발붐은 일어 서해안의 주역 도시 어쩌고

저쩌고 장밋빛 환상 놀음에 조상 대대로 흙 파먹고 살아왔던 농사꾼들도 부동산 거간꾼들과 서울 사람들의 입김에 녹아 문전옥답 모두 팔아 넘기고 도시로 도시로 몰려나왔지만 몇 년 지나지 않아 술과 노름과 경험 없이 시작한 사업에 미주알까지 다 털어먹고 일부는 쇠고랑을 차고 일부는 가족마저 뿔뿔이 흩어져 유랑 생활을 하는 사람이 많이 생겨났습니다.

애초에 자본주의 문화는 소비문화를 대변하는 것입니다. 태어날 때부터 기르는(섬기는) 삶을 살았던 농촌 공동체는 급격하게 밀려온 서구 문화와 공장에서 찍어낸(소비하고 버리는) 삶에 무릎을 꿇고 이제는 돌이킬 수 없는 지경에까지 이르렀습니다. 농촌도 예전의 농촌이 아닙니다. 바다가 내려다보이는 전망 좋은 곳에 그림 같은 집을 짓고 뒷산 솔숲과 대나무잎 사이를 빠져나가는 새소리와 벌레 소리에 잠이 들고 잠이 깨고 바자울을 휘돌아 내려오는 일급 청정수로 차를 끓이고 무공해로 가꾼 온갖 채소와 과일로 몸을 맑게 하고 날 좋으면 일하고 날 궂으면 군불 뜨뜻하게 밀어 넣고 박주산채(薄酒山菜) 조촐한 술상에 마주앉아 좋은 사람과 이야기꽃 피우는 전원 생활은 꿈속에서나 가능한 일이지요. 영화나 텔레비전 화면으로 보는 농촌 풍경은 소위 그들만의 풍경일 따름입니다. 이제 농촌은 도시 못지않은 투기장으로 전락하고 말았습니다.

동네 어른들이 대부분 부동산 거간꾼이 되었으며(시골 구석구석까지 괜찮은 땅은 거의 서울 사람들 땅입니다), 자급자족하던 농산물도 환금작물 외에는 거들떠보지 않을 정도로 변했습니다. 투기치고는 한 해를 거는 대단한 도박입니다. 오죽하면 지금도 동네마다 농약 먹고 자살하는 사람들이 한두 명씩 꼭 있겠습니까. 누구의 잘못일까요? 도대체 누가 가장 기초가 되는 공동체인 논 살림, 산 살림, 바다 살림을 이렇게 망쳐놓았을까요?

농촌은 원래 주곡 생산이 가장 중요한 부분을 차지했고 그 주곡 생산을 위해 많은 힘을 기울였습니다만 요즈음은 도무지 어이가 없습니다. 아무리 속고만 살아온 농사꾼이지만 일 년 내내 뼛골 빠지게 농사지은 결과가 농약값, 품값, 재료비, 연료비를 포함해서 차 떼고 포 떼고 졸까지 떼어내면 아무것도 남는 게 없습니다. 아무것도 남는 게 없으면 본전치기라도 해야지요. 농협과 축협에서 빌린 그 무슨 거미줄 같은 영농 자금 원금에다 이자를 갚고 나면 또 빚을 내야 겨울을 나니 도대체 무슨 힘으로 다음 해 농사일을 준비하겠습니까. 한마디로 생활이 안 됩니다. 그런 데다가 도시 사람들과 똑같이 부식값, 광열비, 교육비, 연료비, 대추나무 연걸리듯 눈부시게 날아오는 세금 고지서들을 보십시오. 당신들 같으면 이렇게 이문이 남지 않는 장사를 계속하겠습니까? 정신 똑바로 박힌 사람치고 누가 주곡 생산에 땀을 쏟겠습니까. 하다 보니 너도나도 금방 돈이 되어 돌아오는, 하느님이 보우하사 잘만 한 번 밀고 당기면 주곡 농사 몇 배의 수확이 돌아오는 환금작물에 눈을 돌리지 않을 수가 없습니다. 고스톱이나 경마, 슬롯머신이 따로 없지요. 복권을 사놓고 당첨을 기다리는 아슬아슬한 작두날 농사가 계속될 수밖에 없습니다. 작두날 저쪽에는 가뭄과 우박과 태풍으로 하루아침에 거덜난, 똑같은 입장에 처한 또 다른 이웃사촌이 울부짖고 있습니다. 기상 이변과 과잉 생산으로 저쪽 사돈이 몰락하면 이쪽 사람들은 측간에 들어가 웃으면서 돈다발을 세고 있는 셈입니다.

언제까지 이런 악순환이 계속될까요. 지금 농촌에서는 젊은 사람 보기가 어렵습니다. 바보가 아닌 이상 누가 이렇게 힘들게 일하면서 빚더미에 올라앉길 좋아하겠습니까? 정권을 쥔 사람들은 예나 지금이나 떠나는 농촌에서 돌아오는 농촌을 만들겠다고, 농가 부채를 탕감해주겠다고 맹물 먹고 배부른 소리로 떠들어대지만(농촌 문제에 대한 구조적인 모순을 이야기하자면 한도 끝도 없습니다) 현실은 결코 녹록지 않습니다. IMF 경제위기를 맞아 귀향하는 사람들이 많다고 합니다만 이런 악순환이 계속되니 아무리 농촌 인심이라도 신문이나 텔레비전에서 말하는 것처럼 덥석 맞으면서 집 주고 땅 주고 밥 주고 할 사람이 어디 그렇게 많겠습니까.

과거로 돌아가면 통한의 눈물이 가로막고 앞날을 예견하자니 모든 일이 불확실하고 불투명합니다. 문제는 바로 '지금 이곳'입니다. '지금 이곳'을 피하지 않고 정면으로 바라보기, 문제를 해결하기 위해 오랫동안 진지하게 고민하기, 잘못된 점을 바로잡아 다시는 되풀이하지 않기, 여태까지가 소비하는(버리는) 쓰레기 같은 생활이었다면 지금부터라도 가꾸는(모시는, 섬기는) 삶을 살아가는 것. 물론 산업혁명이 일어난 뒤로 기계문명의 급속한 발전에 따른 비정한 경쟁 사회에서 1차 수공업을 담당한 농민들의 몰락은 얼핏 보면 자연스러운 현상이었지요. 그렇지만 요즈음 보십시오. 산업 사회가 낳은 끊임없는 대량생산이 얼마나 무서운 환경 재앙으로 돌아옵니까? 미국과 중국과 호주를 비롯한 주곡을 자급하는 몇몇 나라들이 기상 이변으로 흉년이 들었다고 가정하면 당장 굶어 죽는 나라가 엄청나게 많을 것입니다. 대부분의 식량을 수입하는 우리나라도 불 보듯 뻔한 사정입니다. 빵이나 피자나 고기 먹고 며칠이나 버틸 수 있을까요.

　지금이라도 늦지 않았습니다. 노동의 강도는 엄청 높은데 평범한 생활도 제대로 하지 못하고 있는 농사꾼들을 살려야 합니다. 그동안 2·3차 산업에 몸과 마음과 정신을 수탈당한 이 사람들에게 적절한 보상을 해주어야 합니다. 밥상 공동체를 살리지 않으면, 가족 공동체인, 마을 공동체인 농촌을 살리지 않으면 국가 기

반이 송두리째 뽑히고 말 것입니다. 그 아수라장 한복판을 묵묵하
게 견뎌온 참농사꾼이자 참시인인 정낙추라는 사람이 여기 있습
니다.

평생 상전으로 받들었다

빼앗긴 강토에 서릿발 내리던 날

분노를 삭인 채

져다 준 공출 벼 한 섬 대신

눈물이 뒤범벅된 대두박 두어 말

덜렁 짊어지고

작대기 장단에 시름가를 부르며

돌아오던 십 리 길

초승달도 그림자도 덩달아 비틀댔다

노총각 말총머리같이

총총 땋아 내린 밀삐 사이

머슴살이 설움으로 엮어진 등태

짊어진 가난은 어디에도 부릴 곳이 없었다

나무 짐 태질하고 가쁜 숨 내쉬며

막걸리 한 사발에 열무김치 한 젓가락의

호기 있던 젊은 날은

티끌처럼 사라지고

이 나라 역사를 군말 없이 업어 넘긴

이 땅의 주인 농투사니와 함께

쫓겨난 지게

허름한 추녀 아래 떨고 있다

― 정낙추, 〈지게〉 전문

여기 "이 나라 역사를 군말 없이 업어 넘긴" 지게 같은, 항아리 같은, 무쇠솥 같은, 흙 닮은, 된장 뚝배기 같은 남자 한 사람 있습니다. 젊은 사람들 돈에 홀려 권력과 명예에 넘어가 편안한 생활에 길들여 너도나도 떠나고 없는 바닷가 조그마한 마을을 지키는 ("귀 밝는 술 나 혼자 마신다 / 갈 테면 다 가고 / 뺏을 테면 다 뺏어봐라 / 그런다고 내가 물러설 줄 아느냐 / 혼자라도 오곡밥 아홉 그릇 먹고 / 나무 아홉 짐 할 테다" ―〈대보름〉에서) 젓국 같은 남자 한 사람 있습니다. 한평생 속고 살아도 ("세상에 제일 불쌍헌 게 농사꾼이여. 사람 취급을 제대루 받나 돈이 잘 생기나. 진 날 갠 날 읎이 흙투셍이 해갔구 바삐 돌아댕겨두 늘 그 자리가 그 자리 앞날이 뻔하다니께." ―〈할매〉에서) 봄이면 못자리를 하고 여름이면 땀범벅을 막걸리 한 잔으로 씻어

내고 가을이면 빛 잔치 별 잔치 바람 잔치 벌인 끝에 또 빚내어 농사짓는, 텅 빈 간석지 논바닥 닮은 한 사내가 있습니다. 입도 크고 눈도 크고 귀도 크고 특히 손이 커서 부처 닮은("입술 두툼하여 사람 위에 못 서고 / 정이 헤퍼 장사치는 꿈도 안 꾸었다 / 그저 속임 없는 땅을 뒤져 / 얻은 한 톨 / 눈뜨고 잃어버려도 / 침묵한다고 짓밟지 마라 / 침묵은 인내일 뿐 굴종이 아니다" - 〈장군은 될 수 있다〉에서), 정 헤퍼 손해보고 내 괴로움보다 이웃의 고통을 더 챙기는 바람 같고 산맥 같고 나무 같은 사람 하나 여기 있습니다. 황소 같고 바위 닮은, 구름 같고 바람 닮은, 먹어도 먹어도 물리지 않는 김치 같은, 숭늉 같은 쑥 냄새 향기로운 토박이 농사꾼 하나 여기 있습니다.

 위로는 가장 큰 스승인 자연의 가르침을 온몸으로 실천하고 아래로는 노부모 봉양하고 풀꽃 같은 아내와 어느덧 자기 키보다 훌쩍 커버린 아이들과 함께 삼대가 한 집에 살고 있습니다. 힘껏 행하고 남은 시간에 학문을 하는 것이 상등 학문이라 들었습니다. 오랫동안 홀로 문학 공부를 했지만 불혹을 넘어 하늘의 뜻을 아는 나이에 이르렀는데도 그 흔한 시집 한 권도 없이(요즈음 시인들은 삼십대 중반쯤 되면 벌써 서너 권씩 시집을 낸다죠) 농사꾼으로, 한 가정의 가장으로, 지역 문화 일꾼[그는 우리나라에서 가장 전통 있는 지역 문학 단체 중의 하나인 '흙빛문학회' 회장입니다(2000년 당시)]으로 도대체 신발에 흙 마를 시간이 없는 사람입니다. 이렇게 뜻이 있어도 펴지 않고 아는 것보다 실천이 먼저인, 도무지 자신에게는 욕심이 없어 보이는, 탁 트이고 통이 큰 남자를 저는 여태까지 별로 본 적이 없습니다. 그러나 지역에서 시 쓰는 일은 농사짓는 일만큼이나 어려운 사정이 있습니다.

우선 발표 지면이 턱없이 부족하다는 데 있습니다. 다른 분야도 다 그렇지만 문학 또한 예외 없이 서울 집중 현상이 뚜렷합니다. 특히 학연이나 지연이 막강하게 자리 잡고 있어 시인으로 보리 풋방귀나 뀌려면 서울에 있는 잡지사와 연줄이 닿아 있든지 좋은 대학을 나오든지 신문이나 방송에 자주 얼굴을 내밀어야 하는데 시골에 사는 문인들에게는 어느 것 하나 쉬운 일이 없습니다. 그 알량한 시인 간판 한번 걸어보려고 바리바리 싸들고 발바닥이 닳도록 서울을 들락거리는 사람도 있습니다. 제발 제 작품 한 번만 실어달라고 술 시중 여자 시중 돈 시중 몽땅 다 드는 사람들도 있습니다. 그러니 서울에서 행세깨나 하는 문인이 문학 강연이다 여름 문학 캠프다, 해서 시골에 내려오면 눈도장 한번 찍으려고 국빈 방문하는 대통령 저리 가라 모십니다. 도대체 쓸개가 빠져도 만발이나 빠진 짓이지요. 자기 작품이 얼마나 부실하면 안면이나 돈이나 술로 팔아보려고 할까요. 자존심은 뒤주에 숨겨놓았습니까? 이런 판국이니 중앙 문단 사람들이 지역 문학인을 깔보지 않을 수가 없겠지요. 물론 지역에 있는 문인들이 다 그렇다는 것은 아닙니다. 극히 일부겠지만 이 부끄러운 현실은 부인할 수 없습니다.

그렇다고 해서 작품 한번 발표하면 무엇이 달라지겠습니까. 다 자기 현시욕이고 출세하지 못해 안달하는 소인배들이나 하는 너절한 풍경들입니다. 작품이 좋으면, 그것보다는 자기 자신의 삶에 충실하면 저절로 알아주게 되어 있습니다. 떳떳하게 청탁 받고 좋은 대우받고 발표하게 될 날이 옵니다. 오래 기다리면서 절차탁마 하면 누구든지 기회는 오게 되어 있는데 왜 그렇게 안절부절못하는지 알다가도 모르겠습니다. 평생을 걸고 일하고 작품을 쓰다가 정 알아주는 이 없고 발표하지 못한다면 그대로 무덤 속으로 가지고 가든지 자손들에게 나 이렇게 떳떳하게 살았노라 유품으로 물려주는, 장인 정신을 가진다면 무서울 게 뭐가 있겠습니까. 왜 이렇게 부실하고 허하고 자존심이 없는지 우리 모두 짚고 넘어가야 합니다. 무엇보다 족할 줄 알고 기다릴 줄 알고 오래 견딜 줄 알고 또 그냥 잊힐 줄도 알아야 합니다.

또한 지역 문단의 병통(반대로 생각하면 발전할 수 있는 대안) 중의 하나가 우물 안 개구리 식 문학을 한다는 데 있습니다. 아시다시피 지역에는 각 시·군 단위로 문학 단체가 한두 개씩 꼭 있고 일 년에 한두 번 문집을 내는데 그 안을 들여다보면 정말 어안이 벙벙해집니다. 솔직하게 고백하자면 중고등학교 학생 문집에 실린

학생들의 작품보다 수준이 낮은 작품이 수두룩합니다. 왜 이런 사태가 벌어졌을까요? 문학에서 가장 중요한 활발한 토론과 합평 없이 무조건 작품을 실었기 때문입니다. 그리고 문학 단체 내부에서 신입 회원을 아무런 절차 없이 마구잡이로 끌어들였기 때문입니다. 문집에 한두 번 자기 작품이 실리면 그 사람은 자동으로 시인이 되고 소설가가 됩니다. 이제 나이도 들 만큼 들었고 지역사회에서 지위도 어느 정도 올랐고 공부도 남만큼 해서 오랫동안 작품을 발표했는데 무슨 얼어 죽을 토론? 무슨 개뼈다귀 같은 합평? 이러니 아무리 세월이 지나도 발전이 없습니다.

일찍이 송나라의 성리학자인 횡거(橫渠) 장재(張載)는 "사람들은 대개 노성(老成)해지면 누구에게 물으려 하지 않는다. 그러므로 죽을 때까지 도를 깨닫지 못한다. 또한 남에게 도를 먼저 깨달았다고 자처하기 위해서는 모르는 게 있다고 말하면 안 되므로 아랫사람에게 묻지 않는다. 모르는 것을 묻지 않는 데서 온갖 병폐가 생기고, 남과 자신을 속이면서 죽을 때까지 도를 깨닫지 못하게 되는 것이다"라고 일갈했으며, 조선 정조 때 큰 인물이자 사상가인 연암(燕巖) 박지원 선생은 "학문하는 방법은 다른 게 없다. 모르는 게 있으면 길 가는 사람을 붙들고라도 물어야 옳다. 하인이라 할지라도 나보다 한 글자를 더 안다면 그에게 배워야 한다.

자기가 남보다 못한 것은 부끄러워하면서도 자기보다 나은 사람에게 묻지 않는다면, 평생 고루하고 무식한 데서 벗어나지 못할 것이다"라고 통찰, 예견했습니다. 우리보다 더 혹독한 공부를 하는 스님들도 자기 머리는 직접 깎지 못하고, 십팔 년 동안의 강진 유배 시절에 밥먹는 것도 잊고 잠자는 것도 잊고, 엉덩이가 썩어 문드러지는 고통을 참으면서 근 5백 권에 달하는 엄청난 저술을 남긴 다산(茶山) 정약용 선생도 자기 등은 스스로 긁지 못했습니다. 하물며 이분들에 비한다면 먼지와 티끌 같은 우리들이 토론과 합평을 게을리한다면 무슨 문학인들 제대로 하겠습니까.

예를 들어 서산·태안에서는 안면 있는 사람끼리 아무개 시인 누구 소설가 하며 떠들썩하지만 가까운 대전이나 청주만 가도 아무도 그들이 누구인지 모릅니다. 사정이 이러니 서울은 물론 대구나 광주, 부산이나 전주를 들먹이면 참 슬퍼집니다. 여벌의 문학, 취미나 호사가들의 문학을 하려면 그냥 평범한 독자로 남는 게 훨씬 모양이 좋습니다. 글을 쓰려고 한번 마음먹었다면 이광웅 시인이 말씀하신 것처럼 목숨을 걸고 써야 하고 바둑을 두려면 조치훈처럼 목숨을 걸고 두어야겠지요. 작은 일에 목숨을 걸지 못하면 큰 일에도 목숨을 걸지 못합니다.

오늘 같이 좋은 날, 술 먹고 싶은 날, 인생의 선배인 정낙추 시인의 작품을 읽고 이런 엉뚱한 이야기를 하는 까닭은, 누구보다도 이런 폐단에서 멀리 있고 깨끗한 사람이기 때문에 본보기가 되었으면 하는 바람에서입니다. 이번 동인지 《흙빛문학》에 실린 그의 작품들처럼 한 번도 중앙 문단에 발 들인 적이 없는, 그런 욕심도 없는, 땀흘려 일하면서도 설치고 잘난 체하지 않고 담담하게 삶과 문학을 일치시킨 정낙추 시인의 곧은 자세가, 일없이 책상 앞에서 머리로만 시를 쓰는 대부분의 시인들 어깨에 죽비로 내려치길 바라는 마음에서입니다. 이런 시인을 아끼고 섬기지 않는 문학판이란 다 헛것에 불과하지 않을까요?

　세월은 어쩌자고 이렇게 속절없이 흐르는지 초겨울 아침, 비 오시는 소리 들립니다. 그 소리 있기 전에는 감 떨어지는 소리, 은행 떨어지는 소리, 밤 떨어지는 소리, 추자 떨어지는 소리, 잎새 바람에 쓸리는 소리도 들렸겠지요. 누군가 내 마음속에 쩡쩡 회초리 겨울을 들고 다가오는 소리도 들립니다. 이 비 그치면 김장을 할 것이고 눈이 내릴 것이고 속고 살아도 내년 봄 또 못자리를 그리는 정낙추 시인도 잠깐 동안 꿀 같은 휴식 시간을 갖게 될 것입니다. 가끔 노인성 치매를 보이지만 삼시 세 끼 고봉밥 뚝딱 해치우고 경로당 출근하고 저녁때 돌아오면 텔레비전 보다 콧소리 요란하게 잠드는 아버지 옆에서, 풀의 역사이자 땅의 역사인, 음식, 길쌈, 바느질 솜씨 좋았던, 박꽃 같았던, 이제는 온갖 풍상에 시달려

한 줌 새털 같은 어머니 구부린 등 옆에서, 움벼처럼 싱싱한 아이들 꿈속에서, 어느덧 어머니 닮아 쇠비름 노란 꽃으로 시든 아내 옆에서 밤새워 시를 쓸 것입니다. 농사철에 흘린 땀방울을 한 땀 한 땀 찍어 연비˙를 새길 것입니다.

  좋은 작품은, 온몸으로 일하고 치열하게 삶을 밀어붙인 사람에게서 나온다는, 너무나 당연한 이론을 실천한다는 뜻에서, 신탄진에 사는 이면우, 영천의 이중기, 예산의 이재형, 담양의 고재종과 더불어 태안의 정낙추 시인을 감히 제 스승이라 부르고 싶습니다. 어떤 뛰어난 작품도 이분들의 엄정한 삶을 대신할 수 없을 것입니다. 아무쪼록 어려운 시절에 이 정 많고 눈물 많은 한 남자가 얼마나 아내와 땅을 사랑하는지, 가슴 넓은 사내라면 천세불변(千世不變)으로 부르고 싶은 노래 한 곡을 세상의 모든 아내에게 바칩니다.

풀은

아내의 땀으로 자라는지

뽑은 자리 돌아보면 어느새 무성한 숲

풀뿌리에 지친 호미질 끝

●燃臂, 승려가 되기 위한 득도 의식 때 행하는 삭발과 함께 신체의 일부를 태우는 의식.

이 여름 다 가도록

바다보다 깊은 콩밭 가운데서

백로처럼 움직이던 수건 쓴 머리

땀에 전 까만 얼굴

아내가 보이지 않는다

민들레 꽃씨처럼 가벼운 몸

三伏 불볕에 녹아

아득한 우주로 증발했는가

땅 속 깊이 스며들었는가

돌아오지 않아 찾아 나선

어스름 밭고랑

일 년 내내 거친 손

분신으로 남은

닳고 닳은 호미자루 옆

아내는

쇠비름 노란 꽃으로 가녀리게 피어 있다

— 정낙추, 〈아내〉 전문

송기원

아름다운
얼굴

선생의 얼굴은 편했다. 봄꽃처럼 환했다.

걸림이 없는 물 같았다. 있는 듯 없는 듯했다.

인간 세상에도 구름이 있다면 바람이 있다면.

꽃이 피고 새가 운다면, 별들의 운행이 눈에 보인다면

선생의 발길이었고 표정이었고 웃음이었고 말씀이었다.

ⓒ최재봉

송기원 1947년 전남 보성에서 태어났다. 1967년 〈전남일보〉 신춘문예에 시 〈불면의 밤에〉가 당선되어 등단했고, 1974년 〈동아일보〉 신춘문예에 시 〈회복기의 노래〉, 〈중앙일보〉에 소설 〈경외성서(經外聖書)〉가 당선되었다. 소설집 《월행(月行)》, 《다시 월문리에서》, 《인도로 간 예수》와 장편소설 《너에게 가마 나에게 오라》, 《청산》, 《여자에 관한 명상》, 시집 《그대 언 살이 터져 시가 빛날 때》, 《마음속 붉은 꽃잎》, 《단 한번 보지 못한 내 꽃들》, 《저녁》 등을 펴냈다. 1993년 동인문학상, 2001년 오영수문학상 등을 받았다.

강원도 산에는 4월에도 폭설이 내렸다. 백운산 자락 매화마을은 청매가 꽃망울을 부풀리고 진달래가 피고 지고 뻐꾸기가 울어옜다. 산골 사람들은 옥수숫대를 불태워 밭을 갈고 층층 다랑이논을 갈아엎고 물을 잡아 못자리를 만들었다. 곡선으로 휘어진 논에 직선으로 모판을 만들고 그 위에 휘어진 대나무를 꽂아 비닐을 덮어씌웠다. 산중턱에서 눈 무게를 이기지 못한 소나무 가지가 툭툭 부러질 때 산개구리 올챙이보다 작은 볍씨는 정충처럼 꼬리를 매달더니 곧 연초록 싹을 틔웠다. 산수유와 생강나무 꽃이 다투어 피어나기 시작했다. 제비꽃이 수줍은 듯 고개를 들면 앉은뱅이 수선화가 노오란 알약이 되어 꽃샘추위에 시달리는 언 땅을 다독거렸다. 저수지에 비친 산그림자는 나날이 푸르러졌다. 눈이 내렸다가 녹고, 바람이 불고 구름 지나가고 별들이 노 저어 나가 푸르스름한 새벽이 움터올 동안, 계절은 더디게, 그리고 아주 조용하게 변하고 있었다. 회청색에서 연초록으로, 연초록에서 진초록으로, 그 사이에는 부스럼처럼 산벚나무가 꽃을 피웠다. 어쩌자고 나는 여기까지 왔던가. 봄바람은 차고 매웠다.

나는 이미, 한 달 전쯤 토지문화관에 입성했다. 박경리 선생의 품은 넓고 따스했다. 그래, 선생님 이름을 더럽히지 말아야지. 전등을 켜놓고 밤을 새워가며 끙끙거렸지만 소출은 빈약했다. 나는 자귀나무 꽃보다 여린 놈이었다. 덩치로 따진다면 저 최참판댁 하인 중 하나로 태어나 마님을 연모하면서 하루 종일 나무 해 나르고 장작 패고 군불 때는, 그러면서도 있는 힘을 주체 못해 몸종계집 치맛자락이나 졸졸 따라다니는, 태생이 천것인 몸뚱이였거늘, 또 어쩌자고 어깨 너머로 문자를 깨우쳐 가뜩이나 골치 아픈 삶과 죽음에 대해 공부 및 연구를 하는 별 볼일 없는 놈으로 전락하고 말았는가. 인생은 알 수 없는 것들로 가득 찬 눈보라 같았다.

  토지문화관을 품에 두른 회촌 마을은 사흘 걸러 한 번씩 눈이 내렸다. 여기저기서 탄식하는 소리가 낮게 들렸다. 나는 가부좌를 틀고 눈을 질끈 감았다. 참아야 하느니라, 내가 저 눈에 지면 인생에 지는 것이다. 문학에 지는 것이다. 단 한 번만이라도 낙엽송처럼, 전나무처럼, 저 갈매나무나 신갈나무처럼 곧게 정하게 살고 싶었다. 되돌아보면 휘어지고 부러진 게 내 인생이었다. 이번에도 실패하면 다시는 집을 떠나지 못한다. 이를 악물었다. 천 리 먼 길에서 나 하나를 바라보는 입들이 있다. 노벨문학상은 타지 못하더라도 적어도 작가라는 이름 걸고 술이나 처먹고 여자들 꽁무니나 따라다니는 건달은 되기 싫었다. 만약, 더 이상 이전 작품을 뛰어

넘는 작품을 못 쓴다면, 동어반복을 계속 중언부언다면, 그만두는 게 낫다. 작가의 죽음은 구태의연 아닌가. 고정관념 아닌가. 밖은 천변만화하고 있는데 나는 무엇인가. 어디에 있는가.

나는 우선 걷기를 선택했다. 흐트러진 정신은 몸을 채찍질하면 된다. 그것은 불혹을 넘기면서 간신히 깨달은 화두였다. 중력의 법칙은 냉혹했다. 마흔 넘으면서 온갖 육체노동과 자기학대와 자기혐오와 대책 없는 음주가무로 몸은 만신창이가 되었다. 어디부터 손을 대야 할지 도무지 알 수 없는 방천 난 논둑이었다. 여기저기서 물 새는 소리 요란했다. 머리는 반 이상 서리가 내렸다. 눈매가, 입꼬리가, 목주름이 허물어졌다. 탄탄했던 가슴과 배가 내려앉았다. 수말 같던 엉덩이와 허벅지가 물텀벙이가 되었다. 참다랑어 같았던 장딴지가 녹작지근 허물어졌다. 눈이 내려, 눈꽃이 피어, 눈을 가늘게 뜨고 걸어야 하는 마을 길을, 성황당 길을, 저수지 길을 마구마구 걸었다. 눈꽃을 보고 시를 쓰고 시에 취해서 잠을 자면 박경리 선생을 닮을 수 있을까. 끝까지 맑은 정신을 고수하여, 시인들이 놓치고 간 삶을 정밀하게 보고 관찰하고 기록하여 다시는 취생몽사의 문학은 하지 않으리라 다짐하고 다짐하였다.

그러나, 문학에 대한, 삶에 대한 내 붉은 마음은, 채 일주일도 되기 전에 무너져내렸다. 토지문화관 근처 마을 길을 돌고 돈다고 얼마나 걸리겠는가. 산골 마을은 한나절이면 그 집 대문 색깔과 나무 이름과 개가 몇 마리 있고 교회와 절과 천연 염색집과 식당 이름과 무당집과 널려 있는 빨래까지 외우고도 남았다. 늘 그렇듯이 욕심이 문제였다. 저 눈 덮인 산을 한번 오르고야 말리라. 나는 낡은 등산화 끈을 바짝 조였다. 눈길을 헤치고 멧돼지나 고라니 발자국을 확인하리라. 토끼 똥 냄새를 맡고 휘발유보다 더 싸아한 산의 정기를 마시고 오욕칠정에 시달린 내장을 씻어내리라. 산 정상에 올라, 얼어붙은 눈 위에 누워, 나는 자유인이다! 나는 누구도 침범 못하는 나 혼자다! 어쩔래, 한번 붙어볼래! 큰 소리로 외치고, 한번 웃고, 한번 울고 내려올 작정이었다. 생각은 거기까지였다.

회촌 마을이 끝나고 무슨 복지원인지, 감옥 같은 마지막 건물이 끝나고 급경사를 오르는데 차단막이 가로막았다. 입구에 커다랗게 써 붙인 '산불조심', '입산금지'가 눈에 들어왔다. 빨간 신호등이다. 내 인생의 아킬레스건 폴리스맨이 나타났다. 산불감시요원이었다. 눈매가 매서운 사십대 후반의 사내였다. 아아, 내 인생의 사자성어, 짧은 공부 끝에 겨우 습득한 '홍성방면' 빼놓고는 '주차금지'와 '소변금지' 때문에 얼마나 많은 세월을 악다구니로 살았던가. 나는 부르르 떨었다. 저 1960, 70년대 아버지가 달빛 밟고 수룡골에서 소나무, 낙엽송 몰래 베어내 집을 지을 때도 얼마나 가슴 졸였던가. 산림감시원이나 산지기 하면 칼 찬 순사보다 더 무서웠다.

산림청 공무원은 직업의식이 철저했다. 같이 갔던 영화감독, 아동문학가, 시인 들은 돌아가자는 표정이었지만 육척 장신인 백경훈 선생과 나는 거칠게 항의했다. 주머니 다 털어 담배 없고 라이터 없고 목마르면 먹으려고 준비한 감귤 서너 개를 내놓았다. 명색이 시인이자 작가인 우리가 산림을 훼손하겠는가, 우리는 나무를 보고 계곡 물소리를 듣고 산새와 산짐승을 보고 돌과 풀과 이끼 냄새를 맡고 창작을 한다, 작가들이 하루 종일 책상 앞에서 글을 쓸 수는 없다, 산책을 하면서 호흡을 가다듬고 금수강산을 보고 정신을 추스른다. 보지 않고 맡지 않고 어떻게 글을 쓸 수 있는가, 항의했다. 수적 열세였는지, 작가처럼 생기지 않은 험악한 몰골에 밀렸는지. 그날은 간신히 통과했다.

양안치 고개 임도(林道) 7킬로미터를 두 시간 가까이 걸었다. 녹기 시작한 질퍽한 임도를 행복하게 걸었다. 역시 작가가 되길 잘했어, 누구에게선가 웃음이 터졌다. 그렇게 걸을 수 있다고 믿었다. 나중에 알았지만, 입산금지 기간에도 예외 규정이 있어 동네 주민이나 심신이 미약한 사람(건강이 좋지 않은 사람)은 출입이 허가되었다. 우리는 그러니까 동네 주민도 아니고 심신미약자도 아니었다. 입산금지 기간이 해제되는 날은 5월 15일, 그때쯤이면 우리는 토지문화관에서 짐을 싸야 할 시간이었다. 아까웠지만 할 수 없었다. 나는 이미, 포기하고 있었다.

일찍이, 저 안동에 사는 자칭 타칭 선비 친구 안상학 시인이 나를 처음 보는 순간, 한마디 한 적이 있다. "지고 살아라!"

그렇다, 나는 그동안 너무 가파르게 살아왔다. 이기는 삶은 피곤한 삶이다. 그것은 자신뿐 아니라 주위 사람도 힘들게 한다. 무엇보다 나는 불화였다. 밖에 나가면 도처에 불화였다. 이상했다. 겉으로 평온한 일상도 내가 뛰어들면 늘 싸움이 일어났다. 나는 부나비처럼 달려들었다. 산화하고 싶었다. 재가 되고 싶었다. 결과는 전과 8범, 그것도 반 이상이 폭력행위 및 법률위반이었다. 마흔이 넘어서도 이십대, 삼십대처럼 행동했다. 이제 쉰이 넘은 거다. 정신 차릴 나이가 되었다. 반백이 넘어 잡범 수번을 달고 감옥에 갈 수는 없다. 이젠 정말 싸우지 말아야지, 지고 살아야지, 아예 다툼이 있는 곳에서 멀찍이 돌아다녀야지, 도망가야지, 나는 늙고 비루한 개가 된 것이다.

나는 싸움을 피해 방향을 틀었다. 연세대 체육관에 삼 개월간 등록했다. 점심 먹고 탁구 한 번 치고 조두치 고개에서 발원하는 개울물을 따라 천천히 걸었다. 편도 10리 길, 물은 낮은 곳으로 흘렀다. 낮은 마음으로 흐르려면 얼마나 많은 길을 걸어야 하는가. 버들강아지가 손 흔들고 버들치가 돌 속에서 뼈를 키우고 두릅 순이 벌어지는 동안, 나는 하루 20리 길을 꼬박 걸었다. 편했다. 산은 아쉬웠지만 싸우지 않고 흐르는 물소리를 듣는 동안 행복했다. 물론, 행복은 공짜로 오는 게 아닌지, 그 개울가에도 사나운 개가 대여섯 마리 있어, 통행세를 꼬박꼬박 지불했다. 내 나이 스물둘이라면, 내 나이 서른둘이라면, 짱돌이라도 들고 지게작대기라도 들고 저, 내 몰골보다 험상궂은 개들을 제압했으리라. 이제는 쉰둘, 버스정류장 구멍가게에서 새우깡을 사는 나이가 되어버렸다. 크게 목청 세워 짖는 것들은 작은 먹이 앞에서 순한 법이다.

눈보라가, 억센 칼바람이, 계절 앞에서 순해질 무렵, 선생은 갑자기 나타나셨다. 짐은 의외로 단출했다. 여행 가방 하나가 전부였다. 사무실 직원에게 이미 귀띔은 전해 들었지만, 나는 긴장했다. 송기원이 누구인가? 걷는 것으로 따진다면, 도보 고행으로 말하자면, 그는 우리 문단에 전설이었다. 수많은 고승 대덕과 이문구 선생이나 이시영 선생, 돌아가신 윤중호 형을 통해서 알 만한 사람은 다 알고 있는 스승 아닌가. 전설을 전설로 치부하면 선생은 부담스러워했으리라. 그냥 편하게 허리 굽혀 맞이하면 된다. 그러면서도 나는 멈칫멈칫했다. 육친에 대한 애정은 늘 애증을 동반하기 때문이다. 나는 원래 자아가 약해 이리저리 잘 휩쓸려 선생의 품속으로 대책 없이 끌려 들어가 헤어나오지 못할까 봐 염려했다.

선생의 얼굴은 편했다. 봄꽃처럼 환했다. 걸림이 없는 물 같았다. 있는 듯 없는 듯했다. 인간 세상에도 구름이 있다면 바람이 있다면, 꽃이 피고 새가 운다면, 별들의 운행이 눈에 보인다면 선생의 발길이었고 표정이었고 웃음이었고 말씀이었다. 다복다복했다. 으름으름했다. 소곤소곤했다. 자박자박했다. 풍찬노숙의 세월은 오간 데 없고 연분홍 치맛자락 같았다. 청노새 짤랑대던 역마차였다. 삼학도 파도 깊이 흐르는 물길이었다. 쑥물 풀어놓은 득량만 잔주름이었다. 크게 웃고, 낮게 걷고, 맛있게 먹었다. 무엇보다 개구리 울음소리에, 봄을 앓는 산새 소리에, 주름진 논두렁 밭두렁에, 사람 사는 냄새에 입맛 다셨다. 걷고 싶어 했다. 히말라야 설산, 갠지스 강가, 미얀마의 평원을, 우리나라 방방곡곡 뒷골목 기행까지, 세상의 사막을 다 건너온 분 아닌가. 무엇보다 완만하게 휘어진 산길을 걷고 싶어 했다. 저 '입산금지'의 푯말을 걷어치우고 싶어 했다.

아뿔싸! 폭력전과 8범은 수축과 이완을 거듭할 수밖에 없었다. 어떻게 하지. 또 싸워야 하나. 우리는 별 좋은 날, 최대한 순한 몽타주를 위해 아동문학을 하는 여성 작가들을 대거 동원해 산림감시원 가로막까지 보무도 당당하게 걸어 올랐다. 불안한 예감은 적

중했다. 저번에 대판 싸움을 한 그 사람이 당번을 서고 있었다. 나는 한마디도 못했다. 마음 같아선 멱살잡이까지 하고 싶었으나, 공무집행방해가 내 흐린 시야를 가로막았다.

 산림청 직원은 막무가내였다. 도저히 어쩔 도리가 없었다. 임도 입구까지만 걸어 올라갔다가 우리는 내려왔다. 선생은 무연한 얼굴로 수직으로 날아오르는 새를 보았다. 검은등뻐꾸기가 울었다. 선생 홀로 입산금지 푯말을 무시하고 올라갔다. 나는 망치로 수없이 나를 내리쳤다. 장비의 장팔사모는 어디 갔는가. 관운장의 청룡도는 어디다 쓰려고 아꼈는가. 철인 3종 경기는 무엇에 쓰는 것인가. 근력 운동을 위해 바벨을 들었던 이두박근은 어디에다 쓰려는가. 전과 9범이 그렇게 두려운가. 우물가에 내놓은 아이 같다고 말하던 아내가 그렇게 두려운 존재인가. 아빠는 다 좋은데 왜 하찮은 것에 목숨을 걸어? 눈을 흘기는 딸아이가 땀방울에 어른거렸다. 여지없이 늙었구나. 개가 되는 길은 한순간이구나. 짖지 못하는 개는 지렁이나 땅강아지와 무엇이 다른가. 나는 아랫입술을 깨물며 내려왔다. 계곡을 거스르는 바람은 한없이 부드러웠다.

 잠이 오지 않았다. 되돌아보면 얼마나 많은 덕을 입었던가. 선생을 통해, 이문구 선생을, 김지하 선생을, 그 수많은 시인 묵객을, 또 배롱나무 가지처럼 부드러운 여자 제자를 소개 받지 않았던가.

나는 빚을 갚아야 할 입장이었다. 그까짓 임도 걷는 허락 하나 받아내지 못한다면, 그동안 얻어먹은 술은 뭐가 되며, 소개 받은 스승과 친구와 제자 들은 얼마나 실망할 것인가. 오로지 흉측한 몰골 하나를 믿고 산림감시원을 물리칠 생각으로 나를 대동하고 간 선생의 마음을 생각하니 치가 떨렸다. 밤을 꼬박 새웠다. 정확하게 아침 8시 59분에 원주 지방산림청에 전화를 넣었다. 앞서 말한 작가의 자존심을 얘기했다. 박경리 선생님 이름도 팔았다. 산림청장 이름도 들먹였다. 국립공원 입구에 진열해놓은 시집 얘기도 했다. 결과는 통과였다. 나는 만세삼창을 했다. 싸우지 않고 해결하는 방법도 있구나. '입산금지' 푯말 앞에서 철저하게 직업의식을 구현하는 직원에 대한 예찬도 과장해서 늘어놓았다. 싸구려 후배는 급하게 선생 방을 두드렸다. "선생님, 오늘부터 마음대로 임도를 걸어도 된대요!"

그리하여, 선생의 오후 산책길은 호젓해졌다. 벙어리 뻐꾸기 울음도 깊어갔다. 꾀꼬리 울음소리에 녹음이 짙어졌다. 휘파람새 울음도 그늘을 더 깊게 만들었다. 여름 철새 후투티는 소리 없이 다녀갔다. 개구리 짝짓는 소리, 봄밤은 깊어갔다. 고운 흙 내려앉은 등산화 뒤축도 깊어갔다. 양안치 임도 가까이 낙엽송·잣나무·층층나무·물푸레·자작나무 잎새 익어갔다. 버드나무 꽃은, 눈꽃처럼 휘날리고 할미꽃 피고 작약 새싹이 쑤욱 올라오고 청매는 대여섯 살 사내아이 불알만 한 열매를 달고 찔레꽃 향기 먼 동네 과수 댁 속적삼으로 파고들었다.

  토지문화관 앞뜰에 고추 모종이 구불텅 휘어져 춤추고 어린 옥수수 모종 운동회 만국기마냥 펄럭일 때쯤 입주 작가들은 선생과 몇 번 저녁을 먹고 술자리를 가졌다. 품앗이와 추렴에도 아랑곳하지 않고 늘 선생께서 먼저 계산을 했다. 나이 들수록 입은 닫고 지갑은 열어라. 무언의 가르침이었다. 얼마나 많은 사람들이 지갑은 닫고 입은 한량없이 여는지, 모신다고 해놓고 내팽개치고, 진다고 하고 이기려 하는지, 비운다고 하면서 틈만 나면 채우려 하는지, 낮은 자리에 선다고 해놓고 앞다투어 높은 자리에 앉으려 애쓰는지, 문단 생활 사십여 년, 선생께선 경험으로 잘 알고 있었다. 어떤 자리에서도 잘난 체하지 않았다(진지한 말이 나오면 골치 아픈 표정으로 손을 홰홰 내저었다). 주색잡기나 썰렁한 유머로 주위 사람들을 웃겼다(유행에 뒤떨어져 한 일 분 정도 있다가 젊은 사람들 우스갯소리를 이해한다). 그 흔한 소설이나 시에 대해서는 한 말씀도 없었다.
  그러나 만나본 사람들은 잘 알지만, 사람에 대한 극진한 존중과 이해와 배려는 타의 추종을 불허한다. 특히 민중에도 들지 못하는 천것에 대한 사랑은 애틋하다 못해, 강박을 가지고 있지 않나 의

심할 정도다. 선생을 만나면 우선 뱃구레가 한 2인치 늘어나는 것을 각오해야 한다. 노래면 노래, 춤이면 춤(한 번도 정식으로 배워본 적이 없다는), 온몸으로 들이대는 스킨십은 돌이킬 수 없는 지경에 이르렀다. 나도 선생을 통해 처음으로 남자의 혀를 받아들인 장본인 중 한 사람이다. 첫 키스의 날카로운 추억 때문에 이 글을 쓰고 있지만, 이건 결례 중의 결례다. 선생의 저 드높은 성취에 비한다면 장마철 물결레 같은(이문구) 이 글은 짐승의 외마디 비명 같은 것에 지나지 않는다.

아아, 무엇으로 송기원을 다 말할 수 있으랴. 십 수년 동안 선생과 만나왔지만, 늘 숨겨놓은 애인같이 정분이 두텁다. 그럴 수밖에 없는 것이 선생과의 인연은 삼줄보다 더 질기다. 선생은 절대로 동의하지 않겠지만, 시와 소설을 같이 쓴다. 현역으로 복무했고 육군교도소 출신이다. 비슷한 삶을 살았다. 혈압이 높다. 〈목포의 눈물〉을 즐겨 부른다. 무슨 음식이든 잘 비벼 먹는다. 여자와 노래방과 술과 춤을 좋아한다. 가족사가 비슷하다. 잘 걷는다. 바다를 좋아한다. 선생 고향인 전남 보성군 조성면에서 잠깐 동안 같이 살았다. 〈물총새 성관이〉를 읽어보면 나온다. 수영을 잘한다. 띠동갑이다. 누님을 사랑했다. 어머니 대신 누님이 키웠다. 어부인을 무서워한다.

다른 점도 많다. 선생은 머리카락이 없고 나는 많은 편이다. 선생은 코가 뾰족하고 나는 펑퍼짐하다. 선생은 날씬하고 나는 뚱뚱하다. 선생은 바둑을 잘 둔다. 나는 17급 수준이다. 선생은 무협만화를 좋아한다. 나는 '야동'을 좋아한다. 학력에서 많은 차이를 보인다. 선생은 모든 여자에게 집중한다. 나는 한 여자에게만 집착한다. 술 취하면 선생은 바로 매듭 짓는다. 나는 필름이 끊어질 때까지 마신다. 선생은 외국 여행을 많이 했다. 나는 배 타고 동남아에서 두바이까지 갔다 온 게 전부다. 선생은 일찍 주무신다. 나는 꼬박 샌다. 선생은 정리정돈의 대가다. 나는 흩뜨려놓는 데 으뜸이다.

또 하나 빼놓을 수 없는 것이 필설로 다 표현하지 못할 그 유명짜한 술자리다. 동서고금을 통틀어 그런 술자리는 드문 것이었다. 절대로 끝나지 않을 것 같은 술자리는 짧게는 2박 3일, 길게는 4박 5일까지 갔다. 우리는 서로 발가벗고 바닷속으로 자맥질해 들어갔다. 처음 보는 식당 엔네에게 사모님이라고 부르기도 했다. 그때 같이한 사람들 행장을 이름으로 대신한다. 이문구·송기원·이경철·박두규·박남준·안상학·안학수·이정록·한창훈·전성태·김종광. 하나같이 촌사람들이다.

선생은 무엇이든 아끼지 않는다. 겨울인데도 입고 있던 옷을 마구 벗어 주고, 국가보안법 위반으로 오랫동안 감옥살이하는 후배에게 남몰래 사식과 후원금을 넣어준다. 나는 몇 번이나 똑똑하게 봤다. 가난하고 배고픈 사람을 위해 눈물겨워하는 선생의 눈시울을, 가능하다면 살과 뼈를 깎아 내주고도 남을 사람이라는 것을……. 그의 재산은 밑바닥 사람들에 대한 한량없는 사랑이 전부였다. 그것은 복리 이자로 불어날 것이다. 퍼주고 퍼주어도 남아 돌 것이다.

가까이에서 생활해보니 선생의 일상은 의외로 단조로웠다. 밤 10시쯤 취침, 새벽 2시나 3시쯤 일어나 명상과 수련(사실 이때쯤 작품을 쓰시겠지), 그리고 또 졸리면 자고 아침에 일찍 일어난다. 방은 언제나 깔끔하다. 오랜 감옥 생활 덕분(?)이다. 오전에는 인터넷으로 바둑을 두고 무협만화를 본다. 점심 먹고는 산에 오른다. 특별한 게 하나도 없다. 조용하다. 걸음걸이도 지상에서 한 2센티미터쯤 떠서 걷는 듯 보인다. 나비처럼 팔랑팔랑 걷는다. 꽃이면서 나무고, 돌이면서 시내고, 그늘이면서 햇볕이고, 노래면서 춤인, 오후 산책은 길어야 세 시간을 넘지 않는다. 그러면 언제 작품을 쓰는가?

"선생님, 이제 시를 쓰셔야 할 때가 아닌가요?"

김지하 선생과 점심 자리가 길어져, 보리밥 집에서 삼겹살을 구워놓고 호톳하게 뒤풀이를 할 때였다. 내공으로 상대편 마음까지

읽어내는 선생은 순간, 들킨 것처럼 깜빡하다가, 이내, 그 천진난만한 웃음이 모란꽃처럼 벙글어지더니,

"이미 쓰고 있는데."

아이쿠, 한 방 맞았다. 한 번도 청탁을 받고 시를 써본 적 없는 선생은 이미 열다섯 편을 넘게 썼다고 한다. 집중과 몰입이 없으면 도저히 이룰 수 없는 경지였다. 자기 자신과 격렬하게 싸웠던 시절이 없었다면, 저 해맑은 성취는 없었으리라. 나는 우회하지 않고 직격탄을 날렸다.

"요즈음도 공중부양 하십니까?"

"미쳤냐? 왜 떠?"

선생은 뜨지 않으려고 술잔을 꼭 잡고 있었다. 붉은 마음, 붉은 볼이 화전으로 피어올랐다. 세상에서 제일 아름다운 얼굴이었다. 선생과 따스했던 술자리는 채 두 달을 이어가지 못했다. 여기에 실린 인터뷰는 헤어진 다음, 나누고 싶은 술자리를 대신하여 글쓴이가 묻고 글 쓴 사람이 대답한 거다. 이른바 가상 인터뷰인데, 혹여 오해 없길 바란다.

새의 그림자가 길게 끌고 가는 것은 누구일까
땅거미가 야금야금 갉아먹는 것은 무엇일까
붉은 옷의 승려가 사는 서녘에서는

마지막 시체가 연기를 피워올리고

떠난다거나 다시 돌아온다는 것도

이미 먼 세상의 일이다

서른세 번, 망자를 거두는 종이 울리면

어렵사리 네가 붙잡은 나마저 사라진다

― 송기원, 〈저녁〉 전문

유용주 선생님, 꼭 한 달 만에 다시 뵙는군요. 여전히 좋아보이시는데요, 건강은 어떠십니까?

송기원 좋아요, 좋아.

유용주 선생님을 만날 때마다 느끼는 건데, 마음이 환해져요. 억병으로 취했다가도 진초록 숲을 바라보면 눈이 환해지는 것처럼요. 혹, 날카로운 첫 키스의 여운이 아직도 남아 있어서 그런지 몰라도……. (웃음)

송기원 저런, 저런, 처음부터 농담을 다 하네. 벌써 십 년도 넘은 술자리 얘기를…… 환해진다는 것은 누구 탓이 아니라 자네 마음이 우선 평안해졌다는 것인데, 저 나무를 봐요. 꽃을 봐요, 풀잎을 봐요. 언제 저것들이 사람을 환해지라고 저러고 있었나? 눈보라와 비바람을 이겨낸, 혹독한 겨울을 견딘 생존 본능일 뿐이지. 다만 바라보는 사람들의 마음이 문제랄까.

유용주 그렇군요. 요즈음에도 산에 자주 가십니까?

송기원 틈나는 대로 토지문화관 뒤 임도를 걸어. 고마워.

유용주 원 별말씀을요. 제가 보기엔 선생님은 무슨 생각을 하면서 걷는 것 같지는 않아요. 그냥 아무 생각 없이…… 잣나무를 보면 잣나무고, 소나무를 보면 소나무고, 자작나무를 보면 자작나무고, 지빠귀 소리를 들으면 지빠귀고, 개똥 무더기를 보면 개똥 같고, 올챙이를 보면 어린 시절 같고, 물고기를 보면 스무 살 청춘 같고, 지렁이를 보면 말년 같고……. 나도 밤나무, 나도 방동사니, 나도 은초롱, 나도 바람꽃, 바람 불면 숨결 같고, 구름 흘러가면 살점 하나 묻어 있는 것 같고, 샛별이 뜨면 죽은 혼이 하늘 호숫가에 불 밝히고 있는 것 같고…… 무상, 무심의 경지로 보이는데요?

송기원 글쎄…….

유용주 이번 시집《저녁》을 읽어보면, 개똥을 그냥 더러운 똥이라고 생각하는 그런 편견과 아집, 버려야 될 때가 아닌가? 지렁이만큼 땅을 이롭게 하고 만물을 풍성하게 하는 존재를 본 적 있는가? 이렇게 읽히는데요. 사실, 호모사피엔스 어쩌고저쩌고 말이 많은데, 직립보행이 세상을 다 망치고 있지 않나요? 4대강 사업도 그렇고…….

송기원 그럴 수도 있겠지.

유용주 의문이 좀 풀리는군요. 사실, 선생님을 만나뵌 지가 십 년이 훨씬 넘었는데요, 선생님처럼 사물과 풍경에 딱 들어맞는 사람은 처음 봅니다. 절에 가면 스님 같고 시장에 가면 장사꾼 같고 오일장에 가면 건달 같고 학교에 가면 선생 같고 호미 들면 농사꾼 같고 식당에 가면 식신 같고 가부좌 틀면 도인 같고 술 드시고 웃을 때는 어린아이 같고…… 그건 어디서 오는 건가요? 여자하고 있으면 애인 같고 남자하고 있으면 친구 같고 스승 같은, 그런 8만 4천이 넘는 얼굴은 어디서 오는 것이지요?

송기원 어디서 올까? 오히려 묻고 싶은데?

유용주 이번 선생님 시집 《저녁》을 읽으면서 뭐랄까, 한 번도 그런 의식을 해본 적 없는데, 선생님 자신이 살아 있는 게 아니라 죽어 있다고 봤어요. 죽은 선생님이 원래부터 그곳에 있었던 거지요. 자신이 살아 있는 생물, 개체라고 생각하면, 모든 사물이나 사람들이 뻣뻣해져서 우선 벽을 만들거든요. 스며들 틈이 없는 거지요. 우선, 멈칫하면서 경계를 해요. 저것이 나한테 와서 무슨 해코지나 하지 않을까 겁부터 먹는 건데, 보세요. 자신이 죽은 존재라고 생각하면 실체가 없어지거든요. 보이지 않으면 흔적이 없으니 풀이나 나무나 흙이나 똥이나 강물이나 바람이나 꽃이나 안개나 뭐 이런 것들이 자연스럽게 몸을 맡깁니다. 그때부터는 쉽지요. 그냥 그 옆에 가면 되니까. 스며들면 되거든요.

한 몸이 되어 통과하는 거지요. 한 몸이 되어 통과하면, 삶과 죽음은 선 그어 갈라놓은 그 무엇이 아니라는 뜻인데요. 인간이 가진 가장 못난 점이, 인간만이 살아 있어, 삼천대천세계를 주물럭거리는 우두머리인 척 우쭐대는 건데, 얼마나 한심한 일인가요. 어리석은 일이지요?

송기원 무슨 말인지 통 모르겠는데.

유용주 지금 이렇게 숨 쉬고 있는데 어떻게 죽었다고 생각하지요? 그 도저한 철학이 어디에서 온 걸까, 고민하다가 저 스스로 한 생각해봤는데요. 우선 썩는 거지요. 썩을수록 따뜻해지는 두엄 말이에요. 세상 밑거름부터 되자, 새로운 생명의 영양제가 되자, 푸른, 녹색의 링거액이 되자, 거기서 시작하는 느낌이거든요. 두엄에서 솟아나오는 하얀 김으로 세상 추운 사람들이 온기를 느낀다면, 숨 쉬면서 죽는 것도 행복하겠구나, 그런 생각이요. 물수제비도 그래요. 시골 출신이라 많이 해봤거든요. 돌이 물에 떠서 퉁퉁 튕겨나갈 때, 물이 반짝반짝 튀어오르지요? 그게 우리네 삶이라면, 얼마 안 있어 돌이 제 스스로의 무게 때문에 물속에 가라앉으면 삶은 끝나는 건데, 돌이 가라앉고 난 다음에도 한동안 물주름은 원을 그리다가 아무 일도 없었던 듯 평심으로 되돌아가면 무엇이 산 것이고 무엇이 죽었을까요? 무심한 저수지 위에는 뻐꾸기 소리 가득 들어찼는데, 누가 울고 누가 웃었단 말인가요? 저 밭 한가운데 바위를 보면 평생 엎드려 기도를 하는데 무슨 관절염 걸렸다고 칭얼대는 꼴을 보지 못했습니다. 강물이 하루 종일 흐르고도 몸살 났다는 얘기 들어본 적 없고, 구름은 천년만년 그림 그려놓고 전시회 한 번 한 적 없어요. 바람이 생일상 차려놓고 거들먹거리는 거 봤냐고요? 바다가 푸르게 엎질러져 만년을 한하고 곡을 해도 누구 하나 죽은 적 없이 세세만년 살아 있잖아요. 살아 있다고 다 살아 있는 게 아니고, 죽어 있다고 다 죽어 있는 게 아니지요. 선생님이 숨이 끊어져 장례식장 영정으로 웃고 있다고 치면, 저 무덤들은 왜 고봉밥으로 살이 오르고 젖꼭지가 부풀어 젖몸살을 앓는 거지요?

송기원 유수가 청산일세.

유용주 선생님 그렇다면, 여태까지 우리는 쭈욱, 죽어왔다는 말씀인가요?

송기원 ……

유용주 그러다가 선생님이 진짜 죽으면요?

송기원 흔적 없이 사라져야지. 서녘이나 남도 끝이나 바닷가에 훌훌 뿌려달라고. 미련도 후회도 없어. 아무것도 남기지 말라고.

유용주 윤회랄까, 재생이랄까, 선생님 시에 자주 나오는…… 왜 하필 시죠? 젊었을 때는 풀어내고 나이 먹으면 응축시키라는 말도 있는데, 저희들은 시를 통해 뭐 하나 건지려고 애를 쓰는데요,

선생님 작품에서는 오히려, 제발 거기까지 나가지 말고, 그런 생각 자체를 하지 말라는 메시지를 읽었어요. 시는 경전이 아니다, 시는 희로애락이고 오욕칠정이다, 어떤 시인도 여기서 벗어날 수가 없다, 오히려, 비 시적인 것이 시를 이끌어 나가는 식, 비문이 명문이라는 말도 있잖아요? 비유니 상징이니 이런 것들은 개도 물어가지 않는다, 우선 있는 그대로 보는 것, 있는 그대로 놔두는 것, 간섭하지 않는 것, 시체가 됐든 독수리가 됐든 까마귀가 됐든 파리, 개미가 됐든 키 작은 나무가 됐든 뼈가 됐든 봄꽃비가 됐든 여름 안개, 가을 낙엽이 됐든 꾸정모기가 되어 내 피를 빨아먹든 말든 그대로 놔두는 것. 원래 상태로 건드리지 않는 것! 집 지으려고 하지 말 것! 그냥 집이 길이 되어 한없이 돌아다니게 할 것!

송기원 누구나 자기 나름대로 해석할 수 있겠지. 난 시에 대해 잘 몰라. 어렵고 진지한 건 딱 질색이야.

유용주 선생님, 요즈음 무척 홀가분해 보입니다. 최근 가족도 작업실도 교수직도 돈도 사랑도 훌훌 털어버리고 여기까지 오셨는데요?

송기원 인생 육십갑자 한 번 휘돌아왔는데, 무에 그리 욕심을 부릴 것인가. 이제부터는 여벌인 게지. 생각 같아선 집도 절도 주민등록도 없이, 송아무개라는 이름도, 이 귀찮은 육신도 훨훨 털어버리고 막 날아다니고 싶은 거야. 나를 자유롭게 하는 건 바로 나 자신뿐이니까.

유용주 그렇게 말씀하셔도 모든 길은 집으로 돌아오는 길 아닌가요?

송기원 아직 아낄 게 많은 모양이군. 모든 길은 결국 내게로 돌아오는 길이라고 믿고 있어. 그토록 추악했던 내가 해골로 누워 있어도, 백골이 진토 되어 물방울 하나로 다시 태어난다 해도 결국 나라는 때는 지워지지 않으니까. 나는 나로 돌아올 수밖에.

유용주 완전히 지워진다는 것은 어려운 거군요. 그래서 선생님이 없는 세상은 따뜻하고 아름답다고 노래하셨나봐요. 어떻게 지워질 수가 있는가. 그 수많은 정처에 입거나, 입힌 때가 여즉 묻어 있는데, 묻거나 묻혀 있는, 모든 사물과 사람이 사라지지 않는 한, 오래 묵은 때처럼 지워지지 않을 것이다. 번뇌가 벌레가, 별빛이 별똥별이, 푸른빛이, 갈대가 철새가, 히말라야 설산의 눈이, 연분홍 환한 꽃그늘이, 불두화가, 새의 그림자가 길게 끌고 가는 것이, 땅거미가 야금야금 갉아먹고 가는 것이, 세상 밖으로 날아가는 기러기가, 변산반도 곰소 앞바다 숭어 떼가, 넝쿨장미가, 꽃양귀비가, 마가렛이 모두 선생님이 남긴 때인데, 그것을 어떻게 지울 수 있을까요?

송기원 마음대로 생각해. 내가 보기엔 자네가 시를 쓰고 있는 것 같은데…….

유용주 선생님 작품을 읽어보면 유독 가난하고 힘없는 사람들에 대한 애정이 깊어요. 예를 들면 장터 사람들, 문둥이, 폐병쟁이, 창녀, 당골네, 당달봉사, 미친년, 노가다꾼들…….

송기원 거야, 잘 알면서. 진창을 사랑하지 않는 시인은 진정한 시인이 아니겠지. 내가 태어난 곳이 남도 땅끝, 바닷가 아닌가. 바다는 가장 낮은 곳이면서 가장 너른 곳이지. 밀려갔다 밀려오는 게 우리네 생 아닌가. 물주름 하나 일어난 게 삶이고 물주름 하나 펴지는 게 졸업 아닌가. 물방울이지. 물안개지. 끝순이 누님, 울보 유생이, 물총새 성관이, 바보 막둥이, 문둥이 딸 정애, 사촌 아부지, 폰개성, 이 모든 사람들이 나를 지금까지 살아 있게 한 장본인들이지. 이분들이 없었다면 내가 어떻게 여기까지 왔겠나.

유용주 어머니와 누님은요? 개인적으로 이번 시집에서 가장 아프게 다가온 것이 〈단 하루라도〉와 〈밤바람 소리〉였거든요. 저 같은 좁쌀 반 홉은 도저히 따라갈 수 없는 절창인데 낭송 한 번 해주실래요?

송기원 그런 말을 들으면 꼭 등에서 수천 마리 이가 스멀대는 거 같아. 어머니와 누님 얘기는 왜 해? 소설에 다 나온 사실을 재방송하라고? 자네나 한번 읊어보소.

유용주 나도 한때는

어머니의 자랑스러운 자식이고자 했네.

그렇게 세상에 도움도 주리라 믿었네.

평생의 끄트머리에 이른

내 마지막 바람은

단 하루라도 세상에 누가 안 되는 것.

나를 무는 모기며 쇠파리

한 마리에도

부끄러워 눈길을 피하네.

— 송기원, 〈단 하루라도〉 전문

송기원 아이구 고생 많았네. 이제 그만하자.
유용주 선생님, 하나 더 남았어요. 제대로 한번 해볼게요.

어릴 적 누님을 부둥켜안고 울면서 듣던 밤바람 소리 속에는 멀리 웃녘으로 겨울장사를 떠난 어머니의 목소리가 섞여 있었습니다.

언제부터인가 혼자서 듣는 밤바람 소리 속에는 캄캄한 저승에서 서로 부둥켜안은 어머니와 누님의 목소리가 함께 섞여 있습니다.

아득한 곳에서 홀로된 그대가 듣는 밤바람 소리 속에는 어머니와 누님을 부둥켜안은 내 목소리도 함께 섞여 있을는지요.

― 송기원, 〈밤바람 소리〉 전문

(선생은 이 대목에서 어머니 유골을 뿌린 가메뚝 마을과 누님이 울면서 시집갔던 장선포 앞바다를 처연히 바라봤다.)

송기원 제발 그만하자.

유용주 죄송합니다. 짧은 시간, 어리석은 질문에 현명한 말씀, 인생의 좌표로 삼겠습니다. 앞으로는 어떻게 사실 생각이신가요? 작품은요? 지금 연재하고 있는 〈못난이 노자〉가 끝나면 〈못난이 예수〉와 함께 단행본으로 묶어낼 예정인지요? 그분께서 허락해 주신다면, 불륜만 모아서 소설 한 권 쓰고 싶다고 하셨잖아요. 난잡하지 않고 아주 깨끗한 불륜 말이에요.

송기원 허허허. 이런저런 곳에 글 빚 갚고 나면 좀 더 걸을 생각이야. 히말라야도 좋고 티베트도 좋고 인도나 미얀마도 좋고, 바람 부는 대로 발길 닿는 대로 구름 따라 은하수 멀리……, 그러다 눈 내리는 여기 매화마을 골짜기 어디쯤에서 숨이 턱 끊어진다면……, 죽기 전에 한번 씨익 웃을 수 있다면 더 좋고. 야, 헛소리 그만하고 술 먹으러 가자. 뭐 먹을래? 황기백숙 어떠냐?

유용주 좋지요, 좋습니다. 누구, 좀 부를까요?

박범신

목매달아
죽어도
좋은 나무

그의 문학이 울림이 큰 이유가 여기 있다.

작가는 현실 비판이 멈추면 곧 죽음이다.

작가다운 비판을 하면서 평생 작가로 살고

작가로 순직하고 싶은 게 그의 꿈이다.

그는 휴머니즘을 넘어서는 정파는 없다고 힘주어 말한다.

인간 중심주의 사고와 문학순정주의, 그것이

박범신이 평생 짊어지고 갈 이태올로기라고

서슴없이 말한다.

ⓒ강재훈

박범신 1946년 충남 논산에서 태어났다. 1973년 〈중앙일보〉 신춘문예에 단편 〈여름의 잔해〉가 당선되어 작품 활동을 시작했다. 《흰소가 끄는 수레》, 《향기로운 우물이야기》, 《빈방》 등의 소설집과 《죽음보다 깊은 잠》, 《풀잎처럼 눕다》, 《겨울강 하늬바람》, 《나마스테》, 《더러운 책상》, 《외등》, 《고산자》, 《은교》, 《비즈니스》, 《나의 손은 말굽으로 변하고》 등의 장편소설, 시집 《산이 움직이고 물은 머문다》, 산문집 《산다는 것은》, 《나의 사랑은 끝나지 않았다》 등을 펴냈다. 1981년 대한민국문학상, 2001년 김동리문학상, 2003년 만해문학상, 2005년 한무숙문학상, 2009년 대산문학상 등을 수상했다.

한반도가 아열대 기후에 편입되었다. 장마철이 없어진 거다. 이제 우기와 건기로 나뉜다고 한다. 처서를 이틀 앞둔 서울 거리는 불볕더위가 맹렬했다. 거리와 건물과 자동차들이 햇볕에 녹아 찐빵같이 부풀어 올랐다. 가마솥에 불을 피우는 자는 누구인가. 지구촌 전체가 온난화와 이상 기온으로 몸살을 앓고 있다. 북극 빙하가 녹고 적도에는 눈이 내리고 해수면은 상승하고 있다. 인걸 없는 세상이 한번 오려는 걸까. 폭발하기 직전 지구는 중병에 신음하고 있다. 저, 거리에 휩쓸려가는 사람들과 자동차들은 어디로 흘러가는 나뭇잎들일까. 사막은 한반도에서 얼마나 멀까. 나는 천만 명이 넘게 살고 있는 아수라판 서울 시내 한복판에 앉아 눈을 가늘게 뜨고 기다리고 있었다.

오늘은 한국 문단에서 가장 맹렬한, 활화산을 가슴에 품고 사는 작가 박범신을 만나는 날이다. 그는 느닷없이 들어섰다. 훤칠한 키, 깊은 눈매, 우람한 코, 튀어나온 광대뼈, 반백의 머리칼은 쓰나미를 몰고 오는 파도를 닮았다. 바람 같았다. 하얀 운동화, 낡은 청바지, 푸른 와이셔츠, 여전히 젊다. 킬리만자로의 표범이 떠올랐다. 군살이 하나도 없다. 히말라야 설산을 오르내리는 당나귀인가. 뼈는 억세다. 나무로 치면 잘 마른 참나무 냄새가 난다. 푸른 물이 흘러나오는 물푸레나무를 닮았다. 나는 우회하지 않고, 직격탄을 날렸다.

유용주 대낮인데, 선생님 섹시하게 보입니다. 볼에 진달래 화전이 곱게 물들었는데요, 낮술 하셨습니까?

박범신 섹시?《은교》표지 사진 봤나? 색기가 넘쳐나잖아, 그게 나야. 한잔 마시면서 살아야지, 세상도 어지러운데, 맑은 정신으로 세상과 맞장 뜨기는 너무 힘들고.

유용주 사랑은 미친 불꽃, 불가사의한 질주 감정이라고 하셨는데, 그 열정은 어디서 오는 거죠? 소설은 육체노동 중에서도 중노동인데, 선생님은 정말 미쳤습니까?

(그는 2010년에 장편소설《촐라체》,《고산자》,《은교》를 폭포처럼 쏟아냈고, 산문집《산다는 것은》까지 네 권의 책을 펴냈다.)

박범신 내가 미쳤다고? 안 미쳤어. 그러나 갈비뼈를 가만히 떠들어보면 미친놈이 하나 숨어 있겠지. 이 속에 있어.《은교》를 쓴 자는 내가 아냐. 여기에 짐승 같은 놈이 하나 있겠지. 요놈, 나하고 항상 마음이 맞는 게 아냐. 어쩔 때는 패죽이고 싶은 때도 있어. 그런 관계야. 시인의 눈으로 잘 봐봐. 내 속에 이상하게 생긴 놈이 있어.

유용주 소설 속에서는 이적요라는 할아버지 시인과 젊은 작가 서지우, 여고생인 은교가 등장합니다. 제가 봤을 때는 이적요와 서지우가 한 사람의 두 얼굴 같은데요, 혹시 선생님 아닙니까?

박범신 귀신이네, 족집게야. 어떻게 알았지? 내면 속의 부조화가 없다면 어떻게 글을 쓰겠어. 나는 그게 에너지야. 나는 죽고 싶고, 강력하게 살고 싶어. 나는 삶을 놓고 싶고 강력하게 붙잡고 싶어. 감정의 편차가 심한 편이지. 그게 내 에너지야. 감정의 편차라는 게 문학에서는 내적 분열을 말하는 것인데 그런 감정의 편차가 없다면 우리가 무엇으로 우리를 긴장시킬 거야? 감정의 편차를 통해서 우리가 긴장하게 되는 것이고, 긴장하니까 죽도록 쓰는 거지.

유용주 젊은 작가들보다 훨씬 많은 작업을 하십니다. 건강을 위해 따로 운동하시는 거 있습니까?

박범신 없어. 나는 운동을 아주 싫어해. 대신 글 쓰는 일 말고는 열심히 움직이지. 지금도 밭매다가 왔어. 뜯고 고치고 만드는 걸 좋아해. 일을 할 때면 장갑을 안 껴. 이렇게 흉터가 많잖아? 맨손으로 일을 하다 상처가 나면 희열을 느껴. 피가 나면 기뻐. 노동중독이랄까? 정 일 없으면 책장이라도 옮겨. 평상시 힘을 많이 쓰지. 새벽 2시 넘어서까지 일을 해. 기진해서 누워 있으면 그때가 가장 행복해. 히말라야 트레킹할 때도 뛰어다녔어. 자연과 일체감을 느끼면 두려움이 없어져. 본질은 육체가 아니라 정신에서 나와. 어렸을 때는 하도 몸이 약해 어머니가 무당집에 수양아들로 보낼 정도였어. 중학교 때는 보리밥 싸들고 학교까지 걸어 다녔어. 왕복 16킬로미터. 여러 활동까지 따지면 50리 정도는 매일 걸은 거야. 그 길이 나에게 DNA가 되었지.

유용주 죽음을 앞둔 노인과 열일곱 살 소녀의 사랑을 그렸습니다. 시기, 질투, 애욕이 적나라하게 들어 있는데, 선생님의 솔직한 로망입니까?

박범신 그렇지. 그건 기본이고, 내 욕망을 반영한 소설이지. 여자와 하는 게 중요한 건 아냐. 리얼리티로 은교를 볼 필요는 없어. 관념 세계여서 그런 거야. 열일곱 살 소녀도 좋고 어떤 때는 서른일곱 살 내 아내 같기도 하고, 사십대 중반을 넘어선 중년 여인이기도 하지. 은교는 내 젊은 신부이기도 하고, 불멸의 가치를 지닌 존재에 대한 내 욕망이기도 해. 절대적인 아름다움을 갖춘 것에 대한 갈망, 그게 《촐라체》와 《고산자》와 《은교》야. 내면에서, 뭔가, 뜨거운 것이 솟구쳐 올라오는 거야. 그게 여자이기도 하고 에베레스트가 되었다가 시가 되었다가 소설이 되기도 하지.

유용주 장편소설 《은교》를 한 달 만에 탈고하셨습니다. 그 폭발적인 힘은 어디서 오는지요? 폭주기관차의 연료는 무엇입니까?

박범신 원래 나는 오래 살고 싶지 않았어. 산화하고 싶었지. 일본식으로 표현하면 가미가제 특공대라고나 할까. 절대적인 아름다움이나 가치라고 생각하면 부나비처럼 날아가 타오르고 싶었어. 오랜 꿈인데 이루지 못하고 이렇게 살고 있잖아. 흉내라도 내고 싶은 거지. 식음을 전폐하고 쓰다시피 했어. 시간이 주는 고통이 얼마나 큰지. 십 년이 넘었어. 아직 내 안에서 해결이 다 안 됐지만 삶의 유한성과 한번 맞장 뜨고 싶어. 비겁하게 굴복하고 싶지 않아. 육십대 중반 나이, 사회의 보편적인 의자가 있어. 거기에 앉기 싫어. 그건 내가 만든 의자가 아니야. 보편적인 세계가 원하는, 보편적인 사이클이 요구하는 대로 행동하고, 쓰고 싶지는 않아. 왜냐하면 존재는 자기 책임이니까. 내 나머지 인생은 아름답게 책임지겠다. 나는 세상이 가리키는 의자보다 훨씬 아름다운 의자를 짜서 앉고 싶은 거야. 그게 내 방식이야.

박범신은 소설가 이외에도 대학교수, 서울문화재단 이사장, 연희 창작촌 운영위원장을 비롯해 여러 단체의 책임자로 일했다. 그러나 한 번도 직위를 이용해 가족밥을 먹거나 용돈을 받아 쓴 적이 없다. 교수 월급 외에 거마비를 받은 적은 있지만 모두 후배들을 위해 썼다고 한다. 나이 먹고 고고하게 앉아 있는 것보다 자기

를 희생해서라도 가난한 후배 문인들을 챙기는 따스한 가슴의 소
유자다. 그런데도 현실 비판에는 누구보다 열심이다. 큰소리치지
않고 낮은 목소리로 말한다. 그의 문학이 울림이 큰 이유가 여기
있다. 작가는 현실 비판이 멈추면 곧 죽음이다. 작가다운 비판을
하면서 평생 작가로 살고 작가로 순직하고 싶은 게 그의 꿈이다.
그는 휴머니즘을 넘어서는 정파는 없다고 힘주어 말한다. 인간 중
심주의 사고와 문학순정주의, 그것이 박범신이 평생 짊어지고 갈
이데올로기라고 서슴없이 말한다.

"현실이 미쳤잖아, 미쳤어요. 이걸 어떻게 다 교정 보겠어. 부끄
러운 인생을 살고 있는 거지."

그도 젊었을 때는 문학으로 현실을 바꿀 수 있다고 생각했다. 화
염병을 들고 싶었다. 성격 자체가 화염병이었다. 참고 살았다. 어
떤 식으로 불을 껐을까. "내 스스로 나를 진정시킨 거야."

유용주 인터넷을 비롯해 다양한 채널로 젊은 작가와 독자들과 소통
하는 이유는 무엇인가요?

박범신 나이 들면 어른 대접, 존경받기를 바라잖아. 나는 바란 적 없
어. 구태여 얘기하자면 사랑받기를 바라지. 젊은 사람들 억누른
적도 없어. 새로운 문화, 새로운 시간에 대해서 풍향계처럼 반응
하고 마음을 열지 않으면 죽음이야. 나도 외로운 거지. 새로운

사상, 새로운 세대에 대해서 나를 오픈하고 뭔가 그들에게 도움 될 것을 염두에 두고 살아야지. 나이라는 이름으로, 나만 바라보고 존경해달라고 요구하면 외로울 수밖에 없어. 인터넷 매체에 연재하는 것도 내가 처음 길을 열었지. 의도적이었지. 내가 지나가면 후배들이 수월하게 지나갈 줄 알았어. 결과는 반반, 절반의 성공인 셈이었어. 순기능도 있고 역기능도 있는 게 인터넷 매체야. 출판사와 작가들이 고민해서 발전적으로 나아갔으면 좋겠어. 《은교》를 내 개인 블로그에 연재한 것도 역기능을 우려한 거고, 좀 더 자유롭게 쓰고 싶은 욕망에서 시작했지. 후배 작가들에게 더 많은 기회를 주었으면 싶어. 소리 소문 없이 도와주는 사람이 되고 싶어. 선생을 오래 하다 보니 습관이 되었어. 가난하고 배고픈 후학들을 보면 안쓰러워.

^{유용주} 전자책에 대해서는 어떻게 생각하세요?

^{박범신} 우리나라에서 본격 작가가 신간을, 전자책과 종이책으로 동시 출간한 건 내가 처음이야. 구간은 많이 나왔지. 나는 사실 전자책을 잘 몰라. 지금도 이백자 원고지에 글을 쓰거든. 그러나 새로운 문화를 막을 순 없어. 이용해야지. 받아들여서 이겨나가야지. 내 것으로 만들고 내가 지배할 수 있도록 노력해야지. 무슨 상관이야. 새로운 소설을 쓸 때, 독자와 타협할 수는 없지만, (작가는 원래 독재자야. 타협 안 해) 자신의 소설이 소중하다면 단

한 사람이라도 더 읽을 수 있도록 해야지. 작가의 임무는 인문학적 포즈에서 나오는 게 아냐. 사대부와 양반 의식의 반석 위에 앉아 있으면 안 돼. 문학은 삶에 대한 발언이기 때문에 치열하게 독자에게 다가가야지. 적극 수용하고 가로막지 말아야 해.

박범신은 문학이 자기 인생에서 방부제 역할을 했다고 믿는다. 문학을 하지 않았다면 지금보다 더 썩었을 거라고 생각한다. 늙을수록 죄가 많다고 한다. 오래 산 것은, 그만큼 썩었다고 생각한다. 지구를 파먹고 살았기 때문에 죄를 지었다고 생각한다. 죄 없이 오래 산 사람은 사기꾼이라고 생각한다. 공적으로 인류에 공헌한 인간의 삶도 있겠지만, 존재 자체로 본다면 죄 없이 목숨을 유지하는 것은 불가능하다고 본다. 순정한 남자다.

^{유용주} 이번 《은교》에서 동서양을 아우르는 시를 많이 인용하셨던데요?

^{박범신} 1960, 70년대, 젊었을 때 읽은 거야. 서재에 시집이 많아. 감수성은 시로 배운 거지. 시는 한순간에 하늘에 갈 수 있어. 소설은 불가능해. 그래서 시는 시성(詩聖)이라고 하잖아. 소설은 집 가(家) 자를 쓰지. 지상에다 집을 짓는 거야. 시는 편차가 심해. 정말 밑바닥 시궁창 시인도 있고 하늘에 도달한 시인도 있어요.

직관이나 감수성은 늘 시로부터 수혈을 받아. 이적요? 나야. 팩트는 없고 욕망의 활화산이지. 많은 사람이 나라고 생각해.

유용주 후배 작가들에게 한 말씀해주세요.

박범신 젊은 작가들에 의해서 우리 소설의 지평이 넓어졌어. 옛날에는 다루지 않던 소재와 관점이 확산되었지. 문장과 감수성이 뛰어나고. 다만, 문학에 대한 뜨거운 단심, 붉은 마음이 조금 부족하지 않나 싶어. 내가 피곤하고 힘들어지는 건 꺼려하면서 뭔가 반대급부를 얻으려 한다면 곤란하지 않을까. 문학은 절대적으로 가는 것이니, 남는 시간에 쓰는 건 없어. 다른 걸 희생해서 쓰는 거지. 남는 시간에 쓴다면 무슨 작품이 나오겠어? 그런 점에서 조금 불편하게 살아야 되는 게 아닌가. 나는 정해져 있어. 사회생활은 후배들을 위해, 소설은 나를 위해서 써.

유용주 시간을 정해놓고 쓰세요? 어떤 스타일인지요?

박범신 방식이야 여러 가지겠지. 발자크 같은 경우 시간을 정해놓고 규칙적으로 썼다잖아. 한번 소설을 쓰기 시작하면 모든 사회생활을 중단하고 심지어 연인까지 만나지 않았다는군. 문제는 얼마나 열렬하게 자기희생을 감수하면서 문학을 할 수 있느냐는 거지. 어떤 것도 절대적 관계는 없는 법이야. 우리 때는 문학이 절대적이었지. 오죽하면 신춘문예 당선 소감에 '문학, 목매달아 죽어도 좋은 나무' 이렇게 썼겠어. 새로운 세대에게는 이렇게 하라고 강요 못하지. 나는 목매달고 싶어 애를 쓰고 있어. 발돋움하려고 발버둥치고 있어. 이번 소설에서는 독자들의 본능을 건드리고 싶었거든. 아무리 점잖게 살아도 당신들 안에서 이적요를 보게 될 것이다. 독자들에게 시비를 거는 거야. 낮에는 열심히 살고 밤에는 본능을 보라. 세계라는 이름으로 억압했던 본능을 보라. 페니스가 서는 순간에 본능이 당신에게 주는 의미는 무엇인지 생각해봐라. 밤에는 본능의 재기나 부활을 볼 수 있지 않을까 하고 썼는데, 실제로는 밤낮 없이 썼어. 사과 씨처럼 《은교》라는 소설 세계에 박혀 있었지. 나를 행복하게 한 소설이야.

<small>유용주</small> 정년이 일 년 정도 남았는데 앞으로 계획에 대해서 말씀해주세요.

<small>박범신</small> 시골로 가고 싶어. 정년을 대비해서 시골로 살림집을 옮겨볼까 하는데 아내가 안 간다고 버텨서 이혼하고 가야 되나, 고민 중인데, 변할지도 모르겠어. 보자, 그때가 1993년인가 절필하고 떠돌다가 용인 근처 시골집을 구해 들어갔어. 처음에는 행복했어. 그다음엔 슬펐고 많이 울었지. 일 년 동안 매일 소주 먹고 자고 울고 그러다가 일 년이 지나자 자연이 주는 축복이 나타나는데, 놀라운 치유력이었어. 자연 속에서 정말 행복했어. 꼭 살림을 시골로 옮겨야 자연을 가까이할 수 있는 것은 아니지. 그러나 이제 늙어서 누가 밥을 해줬으면 좋겠어. 밥이 문제야. 내가 해

먹어도 되는데, 문제는 혼자 먹는 밥이야. 일은 혼자 해도 밥은 여럿이 먹어야지. 그래야 소화도 잘되고. 자연이 아름다운 건 확실하지만, 소설가가 자연 속으로 가기 위해 인간을 등지면 작가 폐업해야지. 사람이니까, 작가도 자연의 일부분이니 사람과 더불어 살아가야지.

박범신은 1970, 80년대 우리 문학의 아이콘이었다. 최인호, 한수산과 함께 트로이카였다. 그러나 현재 그는 홀로 살아남았다. 최인호가 그 많은 작품과 영화에도 불구하고 문단 주류에서 소외당하거나, 한수산이 폭압적인 군사정권에 고문을 당하고 십오 년 동안 절필 상태에서 고통스런 날을 보낼 때, 박범신은 살아남았다. 대중성과 문학성을 한꺼번에 인정받았다. 보수적인 문단 풍토로 보아 예외적인 일이었다. 그 이유는 새롭게 거듭나려는 그의 몸부림에서 찾을 수 있다. 그는 늘 지난번에 쓴 소설을 염두에 두고 있다. 어떻게 하면 이길 수 있을까. 어떻게 하면 지난 소설에서 시도하지 않은 형식을 도입할 수 있을까, 싸움을 한다. 지난번보다 못 쓰거나 동어반복이 나온다면 은퇴를 각오하고 있다. 그가 대중성과 문학성 모두에서 성공을 거두고 문단 중심으로 들어온 이유가 바로 여기에 있다.

그는 《촐라체》, 《고산자》, 《은교》에 이르기까지 갈망의 3부작을 완성했다. 그런데도 여전히 쉬지 않고 달린다. 1990년대 성급하게 폐기처분한 리얼리즘에 그는 여전히 믿음을 두고 있다. 민족문학의 흐름, 코드가 유효하다고 믿고 있다. 그것은 분단이라는 원죄 속에, 여전히 고통 속에 빠져 살고 있는 가난하고 힘없는 사람들이 있기 때문이다. 날이 갈수록 괴물처럼 커지는 자본의 억압에서 한 치도 자유로울 수 없는 서민들의 애환을 눈물겹게 바라보고 있기 때문이다. 몇몇 젊은 작가들의 판타지를 우려하고 있는 이유도 마찬가지다. "일부 젊은 작가들의 경우 이미 삶을 소외시켜버리는 거야. 작가 자신이 삶의 본질을 말하는 게 아니라 이미 떠난 삶을 쓰면 독자들이 떠날 수밖에, 버림받을 수밖에 없어요. 나 같은 노인네는 죽음 너머의 그리움, 갈망에 대해 쓰지만, 젊은 작가들은 현실의 고통에 대해서 써야지. 어떠한 경우에도 문학은 삶을 소외시켜서는 안 돼."

유용주 어떻게 하면 진짜 삶을 살 수 있을까요?

박범신 백 퍼센트, 완전 연소해야지. 나는 순직하고 싶은 욕구가 강해. 하느님이 달란트를 똑같이 열 개를 나누어줬잖아. 나는 그걸 다 써. 소설에 열 개, 학교 선생에 열 개, 가족과 이웃과 친교하는 데 열 개, 사회생활을 위해 열 개 다 써. 매 순간 인생이 끝나도 좋다는 식이지. 여기서 다 쓰면 죽을 것 같지? 하지만 저쪽에 가면, 똑같은 힘이 또 나와. 수학적으로 불가능해도 인생은 가능해. 이것 쓰고 지쳐 쓰러져 죽어도 좋다, 이거거든. 삶의 운영 방식에서 서너 개 정도는 아껴두고 나중에 소설 쓰는 데 써야지, 이거 합리적이긴 하지만 합리성이 거두는 성취는 뻔한 거야. 적당한 안락이라고 봐도 돼. 모든 예술가들이 백 퍼센트 다 소진시키는 사람들이야. 미친놈들이지. 그래야 살아남아. 인간 존재가 굉장한 거야. 에너지는 화수분 같아. 인체에서 나오는 에너지는 아끼면 아낄수록 힘이 없어. '네 몸이 신들로 가득 찬 사원이니' 이런 말도 있잖아. 다 사원이기 때문에 보충해주지. 노동으로 쓰는 힘은 반드시 다시 나와. 그걸 믿고 살아. 지금도 함께하는 사람에 대한 본질적인 존중, 극진한 예우, 그게 내 방식이야. 언제나 샘솟는 에너지로.

우리는 산딸기 술을 몇 병 마셨다. 붉은 마음이 둥실 떠올랐다. 그의 깊은 눈동자로 노을이 붉게 물들어갔다. 헤어질 시간이었다.

이문구

숲을 이루는
존재들을 위하여

선생의 소설은 보령 시내 한복판을 가르면서 흐르는

한내만큼이나 낮은 곳을 빈틈없이 채우고

높은 곳을 깎아내려 마침내 수많은 섬으로 둘러싸인

서해에 이르는 물처럼, 퍼내고 퍼내어도 다함이 없으니

높이를 잴 수 없는 나무요, 넓이를 가늠할 수 없는 땅이요,

깊이를 헤아릴 수 없는 바다이리라.

©이정우

이문구 1941년 충남 보령에서 태어났다. 1966년 《현대문학》에 단편 〈다갈색〉로 등단했다. 소설집 《이삭》, 《이 풍진 세상을》, 《암소》, 《내 몸은 너무 오래 서 있거나 걸어왔다》 등과 중편 《해벽(海壁)》, 연작중편 《관촌수필(冠村隨筆)》, 《우리 동네》, 장편 《장한몽(長恨夢)》 등을 펴냈다. 1973년 〈한국일보〉 창작문학상, 2000년 동인문학상을 수상했으며 2003년 2월, 지병으로 별세했다.

뿌리가 튼튼한 사람은 허풍이 없다. 나무는 조상 대대로 이 땅에 터를 잡고 만물을 섬기며 살아온(하늘의 소리를 들어 땅을 이롭게 하고 땅의 혈관을 열어 하늘에 숨을 불어넣는) 농사꾼 닮았다. 바다가 그 품속에 깊은 계곡과 높은 봉우리를 담고 있듯 땅도 바다만큼이나 많은 뭇 생명들을 보듬어 키우고 있는 것이다. 위로는 하늘을 받들어 온갖 날짐승과 길짐승을 길러내는 숲에는, 사람 종류보다 많은 나무들이 있어, 안으로는, 물을 머금어 흙을 살찌우고, 뿌리보다 더 넓게 퍼진 벌레들이 다투지 않고 살아가는 그늘을 만들어주며, 밖으로는, 비바람에 그 근육을 단련하고 눈보라에 그 뼈를 담금질하여, 퍼뜨리면서도 낳은 것을 소유하지 않고 지으면서도 지은 것을 자신의 뜻대로 만들지 않으며 자라게 하면서도 자라는 것을 지배하지 않는˙ 화평의 마을이 있었으니 예로부터 귀 밝은 사람들은 나무를 일컬어 지극한 마음이라 불러왔다.

● 노자, 《도덕경道德經》 상편(《노자와 21세기》 하, 김용옥, 도서출판 통나무, 2000년) 제10장에서 일부 인용(계간 《문학동네》 2000년 여름호 원주).

나무는 춥다 하여 남의 이불을 빼앗지 아니하며 배고프다 하여 이웃의 밥상을 넘보지 않는다. 나무처럼 가벼운 손을 보았는가. 나뭇가지는 허공 이외에는 아무것도 쥐고 있는 것이 없다. 그저 바람이 불면 같이 울고 비가 내리면 다독거릴 뿐. 간혹 폭설이라도 내려 감당하기 어려우면 스스로 몸을 부러뜨려 남에게 해를 끼치지 않는다. 나무는 비탈에서나 평지에서나 뽐내지 아니하며 자갈밭이나 쑥구덩이, 심지어 바위 위에서도 뿌리를 내린다. 높은 곳일수록 자세를 잔뜩 구부리고 먹을거리를 줄이는 겸손한 나무…… 아무리 늙고 병들어도 그림자 하나 흐트러뜨리지 않는 꼬장꼬장한 나무들…….

물관과 체관을 따라 나이테를 등불 삼아 더 깊이 들어가보자. 나무는 무뚝뚝하지만 냉정하지 않고 날카롭지만 건방지지 않으며 푸르러 고매하지만 깔보지 않고 편한 자리가 있어도 함부로 눕지 않으며 밝지만 화려하지 않고 궂은 자리라고 피하지 않으며 꽉 차 있으면서도 도무지 다투기를 싫어하며 엉켜 있는 것 같지만 각자 개성이 있어 어떤 사나운 바람도 마음껏 드나들 수 있는 간격을 유지하며 어떤 햇볕에게도 좋은 자리를 선뜻 내어주는 너른 품을 가지고 있다. 가물거나 장마지거나 무릇 뿌리가 든든한 자는 쉽게 흔들리지 않는다. 흔들림마저 제 몸처럼 아끼고 살아가는 나무들은 하느님의 왼쪽 갈비뼈를 닮았다. 굳이 이 자리에서 노장(老莊)

사상이나 동학(東學)의 인내천(人乃天) 사상을 자세하게 풀어쓰지 않아도 나무의 얼굴은 하느님의 얼굴이며 나무의 마음은 하느님의 품성이라는 것을 명천 이문구 선생의 작품을 맑은 눈으로 깨우친 사람들은 금방 눈치 챌 것이다.

이러한 나무들이 마을을 이룬 숲을 마음속에 그려보면 이문구 선생의 소설을 따라가는 데 좋은 길잡이가 될 것이다. 선생의 소설은 사람살이에 있어서 모든 인위적인 통념을 거부하고 관념화된 언어를 배제한다. 나무만큼이나 많이 등장하는 소설 속 갑남을녀(甲男乙女)들은 어려운 자리일수록 끝까지 지키며 항상 그 자리에 없는 듯 있었고 있는 듯하면 보이지 않았으며 부러 찾으려 들면 슬며시 존재를 감추는 듯했으나 살아 생생했고 끊임없이 움직이고 꿈틀거렸으니, 싸리나무와 으름나무를 통해서는 곧아지려면 우선 굽힐 줄 알아야 되고 굽힘이야말로 싸우지 않고 서로 상생(相生)하는 삶의 자세라는 것을 일깨우고, 소태나무를 통해서는 일찍이 인생의 쓴맛을 경험해보아야 비로소 진정한 삶의 참맛을 누릴 수 있다는 평범한 진리를 담담하게 들려주며, 개암나무와 고욤나무를 통해서는 하찮게 생각하여 함부로 쓰다 버린 뭇 생명들의 소중함을 되돌아보게 하고, 찔레나무와 화살나무를 통해서는 낮은 곳에 산다고 하여 자칫 소홀하게 대할 수밖에 없었던 촌 무지랭이들도 저마다 자기 주장이 있고 자기 줏대를 지키고 살아간다는 엄연한 사실을 머리가 아닌 몸으로 말해준다.

거듭 강조하지만 선생의 소설은 보령 시내 한복판을 가르면서 흐르는 한내만큼이나 낮은 곳을 빈틈없이 채우고 높은 곳을 깎아내려 마침내 수많은 섬으로 둘러싸인 서해에 이르는 물처럼, 퍼내고 퍼내어도 다함이 없으니 높이를 잴 수 없는 나무요, 넓이를 가늠할 수 없는 땅이요, 깊이를 헤아릴 수 없는 바다이리라. 이 흑싸리 껍데기 같은 소인배가 어떤 가슴으로 선생의 문장을 다 읽어낼 수 있겠는가. 그저 불러주는 대로 받아적을 수밖에……. 감히 말씀드리건대 이문구 선생을 만나러 가는 길은, 우리나라 현대 문학사 전체를 만나러 가는 길(선생의 산문집을 읽어본 사람이라면, 특히 《이문구의 문인기행》을 정독한 사람은 쉽게 수긍하리라)이라 해도 지나친 말이 아니다. 길은 그냥 걷는 자의 몫이 아니라 온몸으로 반성하며 참회하는 자의 몫인데, 애통하다! 사특한 무리들은 길을 닦으면서도 죄를 짓고 마는구나.

장산리 왕소나무를 만나러 가는 길에 4월의 눈은 깊고, 5월의 그늘은 그윽하여 눈물겹다. 부끄러운 시 한 편을 이문구 선생께 올리며 아랫갈머리에서 부엉재 등성이를 따라 화암서원(華巖書院)까지 천천히 걸어보자.

　　나무의 향기는 나무의 피 냄새다 나무는 왜 죽어서도 불이 되려 할까 어째서 나무는 여름부터 봄까지 불을 피우려 하는 것일까 무엇이 한사코 재가 되면서도 불을 피우게 하는 것일까 불을 만들기 위해 나무는 더욱더 단단하고 견고하게 물을 감싸고 돈다 나무는 물의 자식, 불의 어머니―물로 만들어진 불의 함성을 들으면서, 나는 재로 허물어질 사람들을 생각한다 재 속에 감추어진 한줌 불을 지키기 위해 추운 겨울에도 나무를 키우는 사람들을 생각한다 겨울을 지키는, 얼음을 감싸는 나무들을 생각한다 가슴속 옹이로 남은 상처를 해체 이후의 옹벽처럼 눈부시게 다스리는 사람들, 몸에서 나는 가장 숭고한 향기 땀과 피를 온 세상에 피워올리는 낮은 사람들을 생각한다

　나무는 죽어서도 따뜻한 피의 향기를 남긴다

― 유용주, 〈화톳불〉 전문

유용주　바쁘신데 시간을 내주셔서 감사합니다. 건강은 어떠신지요?
이문구　좋지 않습니다. 오랫동안 위궤양으로 시달렸지요. 약도 숱하게 먹었고 어제 백병원에서 내시경 검사를 받았어요. 볼이 홀쭉하니 들어갔잖아요. 내시경에다가 조직검사까지 네 가지 검사를 했는데 선고는 20일에나 내려집니다. 집행유예나 선고유예, 가벼운 경범죄로 끝났으면 좋겠습니다. 술은 한 방울도 못 먹어요.
유용주　요즈음 세대들에게 비추어 봐도 늦은 나이에 결혼하셨더군요.

결혼하시기 전의 불규칙적인 생활이 원인이 아니었을까요? 혹시 그 유명한 박상륭 선생과 벌였던 음주가 선생님 건강에 영향을 끼치지 않았나 싶습니다만.

이문구 아닙니다. 오히려 파옹 고은 선생과 작년에 아깝게도 먼저 가신 조태일 시인 때문에 많이 망가졌지요. 안주요? 잘 먹었던 때도 있었지요. 잘 아시다시피 두 분 다 청탁불문, 두주불사형 아닙니까. 엄청난 주량도 주량이지만 폭음은 다반사고 워낙 빨리 먹고 늦게까지 앉아 일어날 줄을 모르니, 참 대단한 술자리였지요. 그때는 누구 할 것 없이 주머니에 바람이나 먼지 두어 주먹밖에 가진 게 없었으니 늘 불안했지요. 돈이 없는 눈치면 끝까지 기다렸다가 계산을 해야 하고 돈이 있다 해도 열에 아홉은 모자라니까 얼마씩 모아서 값을 치러야 했으니까요. 십여 년 동안 하루도 빠지지 않고 밥보다 더 마셔댔으니 아무리 강철 같은 몸이라도 배겨나겠습니까. 술 앞에 장사 없으니 유형도 챙겨 들어요.

유용주 참으로 오랜만에 새 소설집 《내 몸은 너무 오래 서 있거나 걸어왔다》를 독자 앞에 내놓으셨습니다. 편집자의 배려로 먼저 읽게 된 행운을 누렸는데요. 〈더더대를 찾아서〉를 제외하고 모두 나무로 제목을 붙이셨더군요. 어떤 나무입니까?

이문구 제목으로 쓰인 나무는 나무이되 나무 같지 않은 나무이지요.

그렇다면 덩굴이냐, 덩굴도 아니지요. 풀 같기도 한데 풀도 아니고 그러나 숲을 이루는 데는 제 나름대로 역할을 하는 나무이지요. 꼭 소나무나 전나무, 낙엽송처럼 굵고 우뚝한 황장목 같은 근사한 나무만이 숲을 이루는 건 아니라고 생각합니다. 예를 든다면 고욤나무는 과일이지만 과일 축에 못 끼는 나무 아닙니까. 개암은 옛날 제사상에 꼭 오르는 과일이었지만 지금은 딸기나 키위, 외국에서 근거 없이 들어온 바나나에게 그 자리를 물려준 지 오래되었지요. 한마디로 말한다면 있는 듯 없는 듯 존재 가치가 희미한, 그러나 자기 줏대와 자기 고집은 뚜렷한 무지랭이 촌사람들 이야기입니다. 이번 총선에 입후보한 사람들 보십시오. 똑똑하지 않은 사람이 어디 한 사람이라도 있습니까. 그러나 똑똑한 사람들만이 사회를 이루는 구성원은 아니지요. 우리처럼 돈 없고 힘없고 빽 없는 일 년 살이들도 숲을 이루는 데는 꼭 필요한 존재라는 것을 말하고 싶었습니다.

유용주 이미 수많은 무림고수들이 선생님 작품을 세밀하게 분석하고 평해왔습니다. 많은 말씀들이 있었지만 공통점은 입심이 좋다는 사실입니다. 마치 옆에서 듣는 것처럼 생생한 입말과 충청도 서해안 사투리는 선생님께서 살아오신 보령 지방에 근거를 두었다고 생각합니다. 그렇다고 하더라도 특별히 우리말을 따로 공부하셨다거나 영향받은 선배 작가들이 있는지요?

이문구 제가 1966년에 김동리 선생으로부터 《현대문학》 7월호에 단편 〈백결(百結)〉이 추천 완료(선생께서는 1963년 《현대문학》 9월호에 〈다갈라 불망비(不忘碑)〉로 이미 초회 추천을 받은 바 있다)된 다음에도 명색이 작가라고 하기가 부끄러울 정도로 존재감이 없는 존재였어요. 그런데 우연히 어떤 자리에서 사람들을 만났는데 모두들 악수를 하며 이번 작품 참 재미있게 읽었다고 찬사가 대단해요. 발표 지면도 없었지만 작품을 발표한 적도 없는데 《흑맥(黑麥)》 잘 읽었다고 말입니다. 제 고향 선배 중에 이문희 씨라고 있습니다. 중요한 사람인데 지금은 아는 사람이 별로 없더군요. 고향도 똑같고 이름도 비슷하고 방언 구사도 비슷하니 착각을 한 모양이에요. 저도 재미있게 읽었어요. 문장도 쉽고 술술 읽혀요. 그렇게 몇 년이 가도 이문구를 기억하는 사람은 없고 이문희 씨 이야기만 하더라구요. 안 되겠구나, 이러다 이문희 씨한테 치어 죽겠구나, 달리 해야 되겠구나, 안 닮으려고 무척 노력했지요. 단편 〈암소〉가 나올 때까지 이문희 씨를 이문구로 착각하는 사람들이 여전했으니 제 심정이 오죽했겠어요? 또 하나 나중에 평론가 김현 씨가 김문수 씨하고 저를 혼동하는 거예요. 이름에 '문' 자가 들어 있잖아요. 한참 동안을 이문수, 김문구로 통했으니까요.

정신은 김동리 선생께 배웠다면 문체는 김유정, 채만식의 영향을 받았다고 생각합니다. 엄밀하게 말하면 채만식체에 가깝다고 할 수 있죠. 그때만 해도 보령 지역은 군장 생활권(군산·장항)이라 일상 생활용품이 모두 군산에서 생산된 것들이었고 자연히 사람들 왕래가 잦았지요. 고무신도 운동화도 세상에 군산 만월표밖에 없는 줄 알고 자랐으니, 말투며 사투리도 비슷한 게 당연한 일이었죠. 제 소설에는 자잘한 구성이 없습니다. 일단 시작부터 해놓고 최대한 기억에 의지해서 즉흥적으로 씁니다. 임기응변이 강하다고 할 수 있지요.

유용주 처음 들었습니다. 참 재미있는 일화군요. 그런데 이번 소설집에는 선생님 특유의 활달한 입말이 배제된 특이한 작품이 들어 있던데요. 〈장동리 싸리나무〉가 그렇습니다. 제가 시를 써서 그런지 몰라도 시적인 분위기가 물씬 풍겨오더군요. 내면의 그림들이 이렇게 아름답게 표현될 수 있나 감탄했습니다. 옛날에 펴낸 동시집 《개구장이 산복이》로 많은 독자들을 깜짝 놀라게 하신 적도 있었지요. 혹 시를 쓰실 의향은 없으신지요?

이문구 에이, 저는 시를 몰라요. 《개구장이 산복이》는 아이들이 나중에 크더라도 발안 시절의 푸르고 싱싱했던 추억들을 잊지 말았으면 하는 바람으로 그냥 쓴 거고요. 〈장동리 싸리나무〉는 유형이 본 대로 이야기를 이야기로 쓴 게 아니고 풍경을 풍경대로 그린 것이지요. 주위 사람들의 도움으로 청라 저수지 근방에 작업실을 마련한 지 오래되었습니다. 눈만 뜨면 보이는 게 물 아닙니까? 청라 저수지는 충청남도에서 두 번째로 큰 저수지인데 지금은 세 번째인가? 어쨌든 이 거대한 저수지 물빛이 하루에도 열두 번 바뀌어요. 달이 뜨면 달이 떠서 좋고 바람이 불면 바람이 부는 대로 별이 뜨고 내려앉고 지고 나면 새벽 물안개에다 시간이 흐르면 흐르는 대로 계절이 바뀌면 바뀌는 대로 물빛이 변하는데 별걸 다 봤어요. 청라 저수지는 생기기 전부터 비포장길을 자전거를 타고 안 다녀본 곳이 없이 돌아다녀 더 정이 가는 호수입니다. 그 좋은 데서 살면서 한 번도 소설로 써본 적이 없는 거라. 물빛이 어찌나 예쁜지 사진을 찍고 싶은 정도인데 단 한 편도 쓰지 않았으니 직무 유기를 한 셈이지요. 그래서 그 광경을 한번 써보자, 풍경을 가지고 풍경을 한번 그려보자. 보름달이 휘영청 걸린 새벽 1시에서 2시 사이에 혼자 깨어나 호수를 내다보았다면, 그 물빛에 귀신이라도 가만히 있겠어요? 시라니요, 가당키나 한 말입니까.

유용주 여전히 여자 주인공이 드센데요. 어떤 사람들은 선생님 작품에서 선비 정신을 이야기하기도 하고 또 선생님 자신이 강릉댁 손자로서 사대부 집안의 가풍을 잇고 계시지 않습니까?

이문구 선비 정신이라니요? 제 작품을 건성으로 읽은 탓이겠지요. 오히려 반대 개념에 가깝습니다. 《관촌수필》이나 《우리 동네》 연작까지는 가부장의 권위가 남아 있었지만 지금은 시대가 어떤 시대입니까? 대부분의 작가들이 근본적으로 모순된 어법을 가지고 있을 터이고 제 자신도 두 얼굴의 사나이, 즉 정치적으로는 보수적이고 사회적으로는 진보주의자임을 인정합니다. 이런 말 종종 들어요. 이문구 씨 소설에는 말 못하는 사람이 하나도 없다. 왜 그렇게 등장하는 인물들이 모두 사통팔달이냐고요. 그럼 농촌 사람들은 말도 못합니까? 시골에 한번 가보십시오. 가서 살아보면 금방 압니다. 말 못하고 죽은 귀신 하나도 없어요. 페미니즘 뭐 그런 것까지 들먹거릴 필요 없고, 요즘 여자들 보세요. 자녀 생산권, 교육권, 사교육권, 가정 경제권 들을 포함해서 모든 주권을 다 가지고 있지 않습니까? 그러니 여자들이 말 못할 이유가 하나도 없지요. 제 개인 입장으로 보자면 공자가 너무 오래 살고 있다고 생각하는 쪽입니다. 대부분의 평자들이 정독하지 않고 인상 비평에 그치니 이런 오해도 생기나 봅니다. 한마디로 줄이면 제 소설 속에 등장하는 인물들은 남자나 여자나 빈부 귀천을 포함해서 나이와 세대와 신분을 떠나 모두 동등합니다.

유용주 유종호 선생께서는 '농촌 최후의 시인'이라고 극찬을 하셨는데요. 지금은 인터넷과 벤처 열풍이 온 나라를 뒤흔드는 2000년대입니다. 사십 년 가까이 초지일관하여 농촌을 배경으로 울고 웃으면서 이웃들의 삶을 작품과 함께 살아오셨습니다. 이 부박한 시대에 선생님 소설은 어떤 타당성이나 설득력이 있다고 생각하시는지요?

이문구 뭘 바라고 쓴 건 아니고, 백 가지 이로울 게 어디 있겠어요. 불이익을 당할 뿐이지요. 책을 펴내기도 어렵고, 우선 출판사가 손해보는 것은 불을 보듯 뻔하죠. 주 독자층들이 농민이 아니니까 팔리지 않죠. 농민들은 학교 다닐 때 국어책 놓는 것으로 공부와는 끝난 것 아닙니까. 서점에서는 상품 가치가 없으니 잘 안 깔아주지요, 독자들은 당연히 거들떠보지도 않지요, 그렇다고 버릴 순 없잖습니까. 제가 잘 아는 부분이니까요. 농촌에서 태어나 직접 농사도 지어봤고 지금도 틈만 나면 시골에 내려가 텃밭에 앉아 무엇이든 뿌리고 가꾸고 거두고 있으니 준농사꾼이라 할 만하지요.

　도시의 일상에 길들여진 평자나 지식인들이 보는 고정관념 중의 하나가 농촌을 음풍농월이나 전원일기 식으로 보는 폐해가 있는데요, 저는 단호합니다. 지금 그런 농촌이 어디 있습니까? 예를 들면 《우리 동네》 연작에 나오는 발안 사람들 보십시오. 기본적으로 학력이 고졸 이상인데다가 새마을운동에다 산업화 바람으로 대부분의 사람들이 도회지 물을 먹어보았지요. 장사를 했다거나 직장에 다녔다거나 하다못해 막노동이라도 해본 사람들 아닙니까. 온갖 경험을 다 한 이런 사람들이 자기 땅이 있는 고향이 낫다고 다시 복귀를 했으니 자유당 시절의 농촌처럼 더럽고 힘없이 사는 농촌은 찾아볼 수가 없지요. 다 떳떳하고 땅에 대한 자부심이 대단합니다. 땅 서 마지기만 있으면 보수주의자라고 했는데 농촌은 기본적으로 보수층이지요. 산과 나무와 물과 땅이 얼마나 큰 빽입니까. 이런 든든한 빽을 가진 사람들이 변혁을 원하겠습니까. 자연은 원래 그 자리에 있는 존재이지 변하는 어떤 것이 아니잖습니까. 사회적으로 사는 게 아니라 자연적으로 사는 것이지요. 그런데 자꾸 도시적인 안목으로 농촌을, 신세대가 원하는 농촌을, 논리적으로 무장한 어떤 운동적인 시각으로 농촌을 보려고 하니 안타깝습니다. 제 작품의 주인공들은 음풍농월이나 신세 한탄을 한 적이 없습니다. 또한 무조건 연민의 정만 가지고 있는 것도 아닙니다. 빈자 소인(쉰네 근성)을 거부하고 제 할 말 다 하고 사는 거죠. 못 배웠다고 잘 배우고 똑똑한 사람에게 고개 숙인 적도 없습니다. 시절에 재빠르게 편승하거나 문학 외적인 목적을 위해 쓴다거나 누구 눈치를 보고 쓰지는 않습니다. 설득력이나 타당성은 그 뒤의 일이겠지요.

^{유용주} 그렇다면 《관촌수필》이나 《우리 동네》 연작과 이번 나무 시리즈와는 어떤 차이가 있는지요?

^{이문구} 구성에 힘을 썼습니다. 모델은 없고요, 장산리 동네 사람들

의 의식 변화 쪽에 비중을 많이 두었습니다. 요즈음 농촌 구석구석 차 없고 휴대전화 없는 집이 없지요. 볼썽사나운 일이지만 무슨 무슨 가든이나 러브 호텔이나 노래방 들이 붐비는 건 여전하고 휴대전화나 카섹스까지 어쩔 수 없이 수용하는 단계에 이르렀습니다. 자괴스러운 일이지요.

유용주 이번에는 부드러운 질문을 하겠습니다. 그 숱한 연구자들도 사모님에 대해서는 간단하게 처리했는데요, 어떻게 만나셨습니까? 혹시 주위에서 중매를 섰는지요?

이문구 소개자는 없어요.

사모님 오다가다 그냥 만났어요. 사무실이 그 근처(청진동)였거든요.

유용주 왜 그렇게 하염없이 기다리셨습니까?

사모님 한승원 선생이 그렇게 썼지요? 두 시간은 우습지요. 서너 시간은 기본이었으니까. 팔자소관이죠, 뭐.

이문구 놓아주질 않아요(고은, 조태일). 상대방이 돈이 있는지 없는지도 몰라서 미리 나올 수도 없고 그만 먹자고 일어나자니 거시기하고 진퇴양난이었죠.

유용주 처음 프러포즈는 어떻게 하시던가요?

사모님 시집오라고, 농담처럼 말씀하시대요. 본인은 급했나 보지요. 나는 급한 게 하나도 없었지만.

유용주 엄혹한 1970년대 중·후반을 경기도 발안에서 신혼을 보내셨는데요, 어떻게 견디셨나요?

사모님 곧잘 견뎠어요. 누구보다 애들에게 의지했고 큰 힘이 됐어요. 문고리에 숟가락을 꽂고 살았어요. 예쁜이(당시 같이 살았던 개 이름)도 든든한 식구였어요. 서울에서 향남면 행정리까지 버스로는 오십오 분, 자갈투성이 길에 택시 대절도 어려웠을 때고 전화도 동네에 딱 한 대(이장집)뿐이었어요. 다행히 이장집이 담 하나 사이에 있었지만 전화는 가뭄에 콩 나듯 하셨어요.

유용주 누구라도 그렇지만 한 여자가 한 남자를 선택할 땐 이유가 있을 텐데요. 남들과 다른 어떤 강력한 믿음이 있지 않았습니까?

사모님 정직하고 진실하세요. 천성이 거짓말을 못하고 무엇 하나 숨기지 못합니다. 보안 기관이나 정보 기관에 끌려가시면 금방 조사가 끝났어요. 맞으면 맞고 아니면 아니다 사실 그대로 말하니까 뭐 더하고 뺄 거리가 없었지요. 이이는 거짓이 통하지 않아요. 금방 얼굴에 나타나니까. 아이들에게는 한없이 자상하고요.

유용주 포기하고 싶을 정도로 미워해보신 적은 없습니까?

사모님 그런 적 없어요. 남자들 부정에는 바람피우는 거, 잡기, 노름 그런 것이 있는 걸로 아는데 전혀 못해요. 그 흔한 고스톱도 셈을 할 줄 모르시거든요. 요새는 좋은 여자 있으면 사귀라고 권해 드리기도 하는데요. 나중에 늙어 후회하지 마시라고요. 원체 경쟁을 싫어하고 승부욕이 없어요. 어렸을 때는 기억력이 뛰어나고 총명하셨답니다.

유용주 어린 시절 이야기 좀 해주십시오.

이문구 여러 글에서 다 얘기했는데 뭘. 공부는 줄곧 잘한 편이었지만 일등은 한 적이 없고 운동이나 수학에는 소질이 없었어요. 특히 뛰어나면 눈에 띄게 되니 안 되지요. 그림도 붓글씨도 중간만 중간만, 항상 다중 속에 섞여 있는 어중간한 존재만 택했어요. 지금도 그렇지만. 따로 시험 공부하지 않아도 성적은 괜찮은 편이었고 학교 끝나고 집에 오면 책보따리를 열어본 적이 없어요. 소설책 읽느라고. 거 있잖아요, 육전소설. 가라사대, 했거늘 하는, 《유충렬전》·《옥단춘전》·《임경업전》·《장화홍련전》·《콩쥐팥쥐전》·《심청전》·《옥낭자전》·《추풍감별곡》 등 책 표지가 울긋불긋한 이야기책들 있잖아요. 거기에서 발전해서 우연히 친구 집에서 발견한 본격적인 소설책(괄호 속 한자가 괄호 밖의 한글만큼 많은), 《춘향전》·《홍길동전》·《흥부전》·《사씨남정기》 들을 독파했지요. 어떤 때는 아침에 일어나 책보따리를 찾느라고 한참을 헤맸던 적도 있고 어떤 때는 비를 흠뻑 맞은 걸 추녀 밑에서 발견하고 그랬어요. 그러면 집에서는 대우를 받았느냐, 한

마디로 아니올시다였어요. 학교에서 존재감 없는 것이 집에서는 더욱 존재감이 없었지요. 어머니께서 항상 그러셨어요. 잘난 것들은 다 죽고 제일 못난 것만 남았다고. 날 알아주는 사람은 옹점이밖에 없었어요.

^{유용주} 결국 옹점이는 만나지 못하셨지요?

^{이문구} 1994년에 신문에다 편지글까지 띄웠는데 연락이 없더군요.

옹점 씨[•]

가끔 가다가 물은 흘러도 여울은 여울대로 있다가 옛날이 문득 가슴에 얹힐 때가 있습니다. 노래를 잘하여 카수, 그릇을 잘 깨어 덜렁쇠, 산에 가면 나무 잘 타고 옻 잘 타고, 바다에 가면 게 잘 잡고, 마을 가면 널 잘 뛰고 그네 잘 뛰고, 들어오면 밥 잘 태우고 빨래 잘 태우고, 살강 밑에서 쥐 잘 잡고 처마 밑에서 새 잘 잡고, 다듬이질은 잘해도 다리미질은 못하고, 시침질은 잘해도 바느질은 못하여 선머슴으로 안팎 동네가 알아주었던 옹점 씨, 그러나 틈만 나면 장다리와 찔레나무순과 수영을 꺾어다가 소꿉질을 해주었던

• 선생의 자전적인 요소가 강한 《관촌수필》에 등장하는 옹점이는 실제 인물이며, 신문에 실은 선생의 편지는 작가가 소설 속 인물을 공개적으로 찾는 우리 문학사에 전무후무한 경우였던지라 독자들의 이해를 돕기 위해 편지 전문을 인용하였다(계간 《문학동네》 2000년 여름호 원주).

내 소꿉동무 옹점 씨가 불현듯 떠오를 때마다 가슴에 옛말이 얹히 곤 했던 것입니다.

나보다 여덟 살이나 손위인 옹점 씨가 열일곱 살 나던 해 가을에 시집가기 전날까지도 나는 여전히 옹젬이라고 부르면서 너나들이를 하고 아망을 부리며 심술을 떨었지요. 그렇지만 나는 식구 중에서 옹점 씨가 그중 만만해서 그랬고, 옹점 씨는 맏이도 아니고 막내도 아니어서 어른들의 굄을 받지 못해 집에서도 배도는 내가 안쓰럽고 안됐어서 동무를 해주자니 아무리 몽니 사납게 굴어도 무조건 받아준 것을 이심전심으로 알고 있었습니다.

그럼요. 옹점 씨는 식구였지요. 비록 우리 외가에서 교전비의 맏딸로 태어나고, 내가 아직 태중에 있을 때 미리 업저지로 들어와서 어머니의 해산 바라지를 하고, 나를 업어 기르며 부엌 바닥에서 뼈가 여물긴 했지만 정으로는 호적에 없는 동기간이라고 해도 과언이 아니었지요.

옹점 씨는 나를 업어 기르기만 했던 것이 아닙니다. 소꿉동무만 해줬던 것도 아니고요. 그릇을 깨거나 빨래를 삶다가 눌리고 혼나면서 흘렸던 눈물은 나로 하여금 남의 딱한 일에 눈물을 흘릴 줄 아는 감정을 길러주었고, 혼잣말이 오갈 때마다 남몰래 웃었던 웃음은 나로 하여금 남의 좋은 일에 내 일처럼 좋아할 수 있는 심성까지 싹 틔워줬던 것입니다. 나중에 보니 옹젬이가 아니라 누나였던 거지요. 나이 삼십이 넘어서야 깨달은 셈이지만, 그러나 그것을 깨닫기 이전부터 만날 수가 없으니 누나라 부르고 싶어도 부를 기회가 없습니다.

옹점 씨가 전쟁터에 신랑을 빼앗기고 몹쓸 시집살이에 견디다 못해 가출하기 한 파수* 전에 찾아와서 "내가 돈 벌면 학비 보태 줄 텡께 부디 공부 잘혀. 후제 옛말 허면서 살게" 하며 다짐을 받고 간 이래 어언간 종무소식 사십 년. 세상을 뜰 나이도 아닌데 텔레비전 드라마에서는 옹점이가 수십 회에 걸쳐 나와서 떠들었어도 정작 옹점 씨는 이날토록 무소식이니 어떻게 된 노릇입니까.

지금도 열일곱 살짜리 소꿉동무의 얼굴만이 눈에 밟히는 옹점 씨여, 누님이여, 바라건대 어느 하늘 아래에서나 건재하시기를.

안학수** 그때 아궁이에서 불을 때면서 옹점이가 불렀던 노래 한 곡 제가 부를게요. (〈대지의 항구〉를 개사한 노래임)

죽 끓는 부엌짝 아궁지 앞에
동냥허는 비렝이야 해가 졌느냐
쉬지 말구 놀지를 말구 달빛에 밥을 빌어

• 장날에서 다음 장날까지의 동안. 곧 닷새 정도의 동안을 이른다.
•• 인터뷰 자리의 풍경은 252쪽 참조(계간 《문학동네》 2000년 여름호 원주).

꿈에 어리는 건건이 을어서 움막 찾아가거라.

(박수)

유용주 옹점이 외에도 대복이, 신현석(신석공), 유천만, 복산 아버지, 김희찬, 유재필, 최호복(최서방), 변판술, 문승관, 이만업, 남씨와 서씨 등 숱한 인물들이 등장합니다. 특히 신석공이 마지막 숨을 거둘 때와 최서방을 마지막으로 만나는 장면에서는 눈물이 나던데요.

이문구 거 다 소설에 나오는 이야기죠. 그러나 〈명천유사(鳴川遺事)〉에 나오는 최서방은 지금 생각해도 가슴이 저려옵니다. 어지간히 돈이 없을 때였어요. 양로원에서 쫓겨 나왔는지 거지 중에서 그런 상거지가…… 들큰하다고 평소에 싫어했던 고구마를 절룩거리며 걸으면서 막 먹더라고요. 따라가서 불러세웠는데 처음에 나를 알아보지도 못하고서…… 성질이 괴팍해서 동네 사람들과 품앗이도 못하고 늘 혼자 일했는데…… 어머니 돌아가셨을 때 가장 슬피 울어…… 그 양반 때문에 소주를 처음 배웠는데…… 새참 심부름할 때 막소주를 양재기에 담아가다 조금씩 조금씩 먹었지…… 물은 안 탔어…… 엎질렀다고 했지…… 마늘 한 쪽…… 두 쪽도 낭비라고 생각했던…… 안됐어…… 참 안됐더라고…… 벌써 가셨을 껴…….

유용주 할아버지께선 술 담배를 전혀 안 하셨지요?

이문구 우리 문중에 술 안 먹는 사람이 없습니다. 한산 이(李)가 치고 술푸대 아닌 사람이 없는데 할아버지는 엄격하셨어요. 반면에 아버지는 반상에 구별이 없어 따르는 사람이 많았습니다. 사랑에는 늘 할아버지 손님, 아버지 손님들이 그들먹해서 손님 접대하느라고 정신이 없을 지경이었지요. 처음 밝히는 얘기지만 당시에 우리 집을 굿닭집으로 불렀거든요. 방언 같은데 사전에도 없는 말입니다. 지금으로 치면 양계장인데 닭을 3,4백 마리 키웠지만 온전한 달걀을 먹어본 적이 한 번도 없어요. 손님 대접하느라 내게 돌아오는 것은 잘해야 부화하는 데 실패한 곤달걀이 고작이었으니. 너나 할 것 없이 먹을거리가 부실한 시절이었지만 잔병치레를 많이 한 까닭도 다 못 먹어서 그리 된 일이 아닐까 생각합니다.

유용주 어머니께서 돌아가신 뒤 굴곡 많은 가족사를 정리하고 서울로 오셨지요? 행상으로 시작해서 막노동과 도로 포장 공사를 비롯하여 묘지 이장하는 곳에 감독까지, 다양한 일을 하신 걸로 압니다. 저도 막노동을 해봐서 알지만 뜨내기들이 오다가다 만나는 공사판에서 변판술 노인처럼 사람을 알아보고 중매를 서기란 참 경험하기 어려운 사건 아닌가요?

이문구 그때가 스물네 살 나던 해인가, 하여튼 이 양반이 각 파트의

십장들을 관리하는 막노동판 도십장인데 자기 징용 동기 중에 이씨라는 사람이 있었나봐요. 같이 일을 하다 이씨는 결혼을 해서 서대문 영천 근방에서 기름집을 한다는데, 방앗간 있잖아요. 그 집이 딸만 셋이래. 거두절미하면 데릴사위로 뽑힌 거여, 내가. 팔자 고친다, 예쁜 딸에다 가게 딸린 한옥집에 살게 된다, 그러니 내가 보러 가는 게 아니라 장인될 뻔한 방앗간집 영감이 나를 보러 오는 거여. 부슬비가 부슬부슬 내릴 때였지 아마. 보광동 상수원 취수탑 공사를 했는데 하루 종일 질통 지고 시멘트 나르고 공구리 치고 온갖 밑바닥 일을…… 머리나 잘라봤나, 봉두난발에 시멘트 공구리가 더께가 졌으니, 이발소에서도 내 머리를 깎다가 주인하고 조수하고 다투어, 약속 시간에 삼십 분이 지났어도 아직 반도 못 잘랐어. 목욕은 고사하고 머리 자르다 갈 수도 없고 시간이 훨씬 지나서 돌아왔더니 변 영감이 허탈한 표정으로 이런 곳에서 만났다고 사람을 무시하느냐, 섭섭하다 그러더군. 속으로 가슴이 아프대.

유용주 발가락이 절단되는 불행도 겪으셨고 큰 사고도 있었다면서요?

이문구 비계공도 했지요. 지금으로 치면 아시바• 있잖아요. 그때는

• 건물을 지을 때 건물 외벽에 공사 인부들이 다닐 수 있게 만들어놓은 임시 계단.

순전히 나무를 썼는데 뗏목 위에서 이층이나 삼층으로 올려주는 역할이었죠. 갯가 출신이면서 수영을 못해요. 출렁출렁하다 중심을 못 잡고 강에 빠졌어요. 허우적대면서 사경을 헤매는데 같이 일하던 사람들은 더우니까 핑계 김에 수영하나보다 하면서 구경만 하더라고요. 그러다가 세 번째 들어갔다 떠오르니 장난이 아니구나 싶어 건져 올렸어요. 죽을 뻔했지요. 활명수를 한 병 사다주대. 물속에 온갖 오물이 섞여 있으니 토해내고 가라앉히라고.

^{유용주} 지금 연희동 쪽에 있는 외국인 학교 터에 있던 공동묘지 3천여 기를 옮긴 일도 하셨지요? 저도 꽤나 험한 세상을 살아왔는데 섬뜩합니다.

^{사모님} 그때 저이가 그런 일 하는 사람인 줄 알았으면 결혼하지 않았을 거예요.

^{이문구} 오죽하면 동네 개들이 줄줄 따라다녔겠어. 시체 썩는 냄새가 나니까. 세세한 이야기는 소설에 다 나오는 바이고, 여기서는 《장한몽》 2천8백 장이 어떻게 쓰여졌는지…… 아까 유형이 즉발성이 강하다, 현장성이 풍부하다 그런 말을 한 것 같은데, 이게 처음 습작으로 2백 장 정도 써둔 건데 문단 데뷔한 다음 작품 발표를 하려고 하니 국내에선 2백 장짜리 소설을 실어줄 잡지가 없어요. 그때 일본에서 발행되는 《한양》이란 잡지가 있었는데

문여송 감독 알지요, 소설가 김지연 씨와 결혼한. 그분이 한 달에 한 번 정도 일본에 드나들었어요. 말하자면 《한양》 잡지 국내 원고 대행인 셈인데, 많은 사람들이 썼지요. 나중에 문인 간첩단 사건으로 더 짜하게 알려진…… 원고 청탁을 하길래 주었어요. 아무런 소식이 없다가 한 삼 년 지나 원고가 너덜너덜한 상태로 되돌아왔어요. 너무 길어서 실을 수가 없다고. 다행인지 불행인지 그 덕에 문인 간첩단 사건에서 빠지게 됐지요. 처박아두었는데 어느 날 창작과비평사 염무웅 씨가 만나자고 해서 나가봤더니 원고 4백 장만 메워달라고 한 시간 가까이 종용을 하는 겁니다. 어떤 유명한 사람이 펑크를 냈는데 일부 원고는 이미 본문 인쇄가 나왔다고 통사정을 하니, 아무리 젊었을 때라고 하지만 4백 장을 어떻게 금방 써내겠어요. 그러다 가만히 생각해보니 퇴짜맞은 원고 2백 장이 생각나는 거예요. 행을 바꾸어 늘리면 되겠다 싶어 집에 와서 4백 장으로 늘려보았는데, 소설이 끝나지 않는 거예요. 6백 장으로 늘렸어. 일단 《창작과비평》에는 계속이라고 괄호를 쳐놓고 다음 호에 7백 장을 썼는데도 끝나지를 않는 거여. 일곱 번에 나누어 실었던가, 어쨌든 마지막에는 1천 장을 한 달 만에 다 썼어요. 근무해가면서 썼지요. 전화 받으면 예, 예, 하면서 쓰고 끊고 나면 주위에서 누구여 하고 묻습니다. 금방 끊었는데 누군지 생각이 안 나요. 아무런 근거도 자료도 없이 머릿속에 들어 있는 기억만으로 2천8백 장을 썼어요. 토요일에는 전화 코드도 뽑고 셔터도 내리고, 그러면 밖에서 아는 사람들이 문을 두드리고 생난리예요. 술 먹자고. 월요일 아침에 급사 아이가 청소하러 올 때까지 꼬박 썼지요.

정홍수 소설 이론 같은 거 없었고요?

이문구 없었지요. 오직 몸으로…… 일단 시작부터 해놓고 기억 하나로 버텼지요.

정홍수 글이라는 게 어떠해야 된다고 생각하십니까?

이문구 몰라요, 몰라. 그러나 품위가 있어야죠. 학생들(경기대학교 문예창작학과 제자들)에게 장난기 있게 쓰지 말라고 주문합니다. 요즘 젊은 사람들은 방송 대본이나 극본을 많이 쓰는데…… 진지해야죠. 이름 걸고 하는 거니까, 공중파는 연기처럼 사라지잖아요. 활자는 한 번 인쇄되어 나오면 정말 고질 덩어리 아닙니까. 죽은 뒤에도 책임을 져야 하고.

안학수 그때 고료는 어떠했습니까?

이문구 《현대문학》이 유일했는데 추천작은 원고료가 없었어요. 제가 처음으로 받았는데 장당 30원으로 기억합니다. 1천3백 원인가를 들고 김동리 선생께 인사를 갔더니 점심이나 먹자 그래요. 한여름이어서 냉면 한 그릇씩 시켜 먹고 맥주 딱 한 병밖에 대접 못했어요. 6백 원 정도 쓴 거 같은데 나머지는 조카들 과자 사다

주거라 하시더군요. 돈 얘기가 나와서 한마디 덧붙이자면 최인호 씨 결혼식에 축의금으로 5백 원을 냈거든요. 나중에 방명록을 보고 박장대소를 했답니다. 적은 돈은 아니었는데 왜 그랬는지 그때 제 월급이 8천 원인가 그랬거든요.

안학수 김동리 선생께서는 서라벌예대 시절 희귀한 스타일리스트가 될 거라고 말씀하셨고, 시험에 선생님 소설을 텍스트로 삼은 적도 있었지요? 데뷔하신 다음 작품에 대한 반응은 어떠했습니까?

이문구 반응이 있었지요. 논란이 많았고요. 워낙 문단 인구도 단출했고 연배들이 적어서. 김동리 선생께선 이걸 누가 읽어내겠노 하시면서 이문구의 소설은 의미를 해독할 때 평면으로 보지 말고 삐딱하게 보라, 단선으로 보지 말고 겹으로 보아라, 말을 그냥 넘기지 말고 오랫동안 씹어서 삼켜라 하셨어요. 특히 번역체 문장을 싫어했습니다.

정홍수 서양 이론에서는 소설은 이야기가 아니다, 이야기가 없어진다 이런 말도 들립니다.

이문구 우리나라에도 그렇게 쓰는 사람이 있는 것으로 압니다만, 소설은 이야기죠. 아니면 논문이나 에세이겠지요. 앞으로는 어떻게 될지 모르겠지만 지금까지는 그렇다고 봅니다. 저는 전통적으로 배웠고 새로운 소설을 창안할 만큼 중뿔난 머리는 없습니다.

유용주 젊은 후배 작가들에게 한 말씀해주시지요.

이문구 할 말이 없습니다. 다들 잘하고 있잖아요. 특별히 비판이나 격려할 말이 없습니다. 우리 세대들은 배고프고 가난한 걸 당연한 일처럼 받아들인 세대였지만, 그동안 사는 양태도 많이 변했고 변한 만큼 돈도 많이 필요할 텐데 생활을 해결하기 위해 무슨 일을 하더라도 비판하고 싶은 생각은 없어요. 좋은 작품을 쓴다면, 문학 외적인 일이야 관여할 필요가 있겠어요? 자기가 하고 싶어서 하는 거니까. 다만, 진지한 자세를 잃지 말았으면 합니다.

유용주 최근에 선생님께선 들어오는 것에 비해 바쁘고 피곤하고 일거리만 많은 민족문학작가회의의 이사장직을 맡으셨는데요. 특히 문인들의 생계 대책에 대해 고민을 많이 하신다고 들었습니다.

이문구 워낙 어렵고 힘든 세월을 헤쳐 나왔기 때문입니다. 작가회의를 맡고 제일 먼저 한 일이 김지하 시인에게 사과하고(제명 처분 문제) 자문위원으로 위촉한 일입니다. 작가회의가 어떻게 태어났습니까? 모태는 자유실천문인협의회(1974년) 아닌가요. '자실'은 김지하 시인 때문에 발족했거든요. 그때 우리가 외쳤던 건 두 가지입니다. 김지하를 석방하라, 표현 자유 보장하라, 이거였거든요. 약간의 실수로 제명까지 했다는 건 너무 심한 일 아닌가요? 정중하게 사과하고 자문위원으로 추대했지요. 뒤에 난을 보내왔더라고요.

또 하나는 문인들의 복지 후생 문제인데 이제 머리에 띠 두르고 주먹질할 것도 없고 표현의 자유도 그렇고 많이 민주화되었잖아요. 문인들의 원대 복귀를 바랍니다. 진지하게 옛날 자신의 모습으로 돌아가 문학에 매진했으면 좋겠어요. 그런데 사회적인 보장이, 그런 장치가 전혀 없어요. IMF 경제위기 터지고 길거리에 노숙자 늘어 한동안 야단이었지만 문인들로 치자면 늘 IMF 경제위기였죠. 막노동하는 문인들도 많은데 대통령 말로는 문화 선진국이니 뭐니 말씀으로야 처사촌 집이라도 못 사주겠습니까? 외국 사람들 눈에 노숙자 문인이 거리 곳곳에 넘쳐나는 상황이 우습게 보이지 않겠느냐 이 말입니다. 지난번에 전업 작가 생계 대책을 위해 2백여 명의 문인들에게 1천만 원씩 지원한 것도 장관 이하 국장·과장·계장까지 담당자들을 몇 번을 만나 오랜 시간 설득한 결과입니다. 우선 급한 불을 끄게 되어 다행이지만 항구적인 제도적 장치가 필요하다고 봅니다. 작가회의뿐만 아니라 문인협회·예총·민예총과도 협조하고 국악·영화·연극·미술·사진 등 모든 장르를 망라하여 예술인 복지조합을 만들 생각입니다. 이름이야 어떻습니까. 또 더 좋은 방법이 있으면 모색을 해봐야죠. 아무튼 지방 예술인들까지 합하면 1백만 명이 넘을 거예요. 중요한 건 국가의 출연인데 아마 4, 5백억 원은 내놓아야 가능할 것입니다. 정부에서도 생산적 복지제도와 같아서 전폭적으로 지원을 하리라고 기대합니다.

유용주 작가회의 분위기가 많이 바뀌었다고 들었습니다.

이문구 밖에서 좋지 않은 선입견으로 보는 사람도 있지요. 작가회의라고 늘 어둡고 우중충해야 되느냐, 그래서 밝고 편한 인상을 심어주어야 되겠다 싶어 우선 사무국을 젊고 상냥하고 친절한 사람으로 뽑았습니다. 되도록 여성 회원도 많이 참여시키고 회원들이 어렵지 않게 부탁할 수 있는 사람, 매너 좋고 쉽게 대할 수 있는 분위기로 이끌어갈 작정입니다.

유용주 학교 강의와 여러 단체에서 중요한 직책을 맡고 계시는데 은퇴한 다음에는 청라(고향에 있는 집필실)로 내려가실 건가요? 앞으로 선생님 작품 계획은 어떠신지요?

이문구 작가에게 잠시 쉬는 일은 있어도 은퇴는 없습니다. 아이들이 독립을 하면 내려갈 생각입니다. 갯가에서 태어나 마지막에는 결국 바다로 흘러들어갈 몸인데 이 나이까지 바다나 섬에 대해서 쓴 작품이 별로 없어요. 직무 유기치고 큰 죄 아닙니까? 대천 앞바다에는 섬이 일흔여덟 개가 있는데 그중 유인도가 열다섯 개 정도 있습니다. 응? 열한 개로 줄었다고? 섬사람들이 얼마나 똑똑합니까. 대통령을 두 명이나 배출했잖아요. 섬사람들 생활력 하면 대단하지요. 섬에 들어가 섬사람들과 뒹굴며 그들의 끈

질기고 건강한 삶을 작품으로 쓰고 싶습니다.

유용주 따뜻한 환대와 귀한 말씀 깊이 새겨듣고 널리 공부하겠습니다. 내내 건강하십시오.

시간이라는 게 어느 때는 잔잔하게 흐르는 듯 보이다가도 꼭 무슨 일만 생기면 급한 여울목을 만난 물처럼 사정없이 흘러가는 것이지만 이 자리에서 분명히 밝혀야 되겠다. 인터뷰는 겉으로 폭소가 터지는 화기애애한 분위기였지만 글쓰는 사람 입장에서 본다면 악전고투 속에 이루어졌다. 선생께서 문단에 첫발을 내디딘 뒤 장장 이십칠 년 만에 따로이 방을 마련했다고 감개무량해하셨던 서재는, 꽤 넓은 방이었지만 무슨 책이 그리 많은지 잠깐 동안 변산 채석강을 떠올렸고 켜켜이 쌓인 수많은 책은 거실까지 마실 나와 우리들을 반겼다.

천성이 옹졸하여 검려지기(黔驢之技)에다 쉰네 근성으로 무장한 강릉 유(劉)가는 전날 저녁부터 잔뜩 긴장을 하여 잠을 못 이룬 데다가, 새벽밥도 뜨는 둥 마는 둥, 천 리 한양길 약속 시간에 가까스로 턱걸이를 하였으니 내장 기관들이 목줄을 잡고 직장 폐쇄니 전면 파업이니 최루탄 터지는 소리 요란하였다. 청라 작업실에 내려오시면 가끔 뵈었지만 아무 죄도 없으면서 "거, 공공근로 안 하고 뭐하러 여기까지 왔어요?" 걱정(토正) 눈썹 꿈틀꿈틀 대갈일성하시면 지레 주눅이 들곤 해 늘 어렵게 생각한 분이어서 함께 동행한 안학수 시인의 재치로 간단하게 점심을 청했는데 아뿔싸, 푸짐한 중국요리에다 양주 큰 병이 두 병이나 나온다.

비디오 촬영을 담당한 편집부 이은석 씨, 사진 담당 미술부의 정계수 씨, 정홍수 편집부장, 나, 안학수 시인, 이문구 선생, 바쁘게 술상을 준비한 사모님까지 일곱 사람이 둘러앉아 대낮에 잔칫상을 벌였으니 술 따르는 소리, 자장면 빨아들이는 소리, 안주 쩝쩝대는 소리, 과일 파삭 깨무는 소리, 커피 훌훌 마시는 소리에다 그날 따라 아파트 밖에서는 무슨 보수공사가 진행 중인지 끊임없이 기계음이 요란하고 휴대전화 두 대를 포함해서 전화는 왜 그렇게 자주 걸려오는지, 흐름이 자주 끊긴다. 눈에 힘을 주고 호흡을 가다듬고 몸에 기를 불어넣어 꼿꼿한 자세를 유지하려 했지만 부실한 잠에 급히 먹은 음식과 독한 술이 내장 기관들을 간단하게 진압 접수하자 스르르 풀린다. 개개 풀린다. 풀려 개개했다. 그러나 가장 아름다운 이유는 준비도 소홀한 인터뷰에 충청도 양반 출신답지 않게 어찌나 말씀이 빠르고 소설보다 더한 입담과 사설이 얼마나 재미있던지 우리는 저마다 잇똥 냄새 폴폴 풍기는 입의 지름과 반지름을 한껏 늘리며, 주름 고랑들이 파도가 되어 무한히 퍼져나가는 서로의 얼굴을 보면서 마음껏 포복절도했는데, 정작 중요한 말씀은 들을 수가 없을 정도로 웃음소리가 드높았다.

아무리 변명을 늘어놓아도 판은 벌어졌고 여기까지 와서 어두운 귀를 한탄하고 아둔한 머리를 쥐어뜯고 무딘 몽당붓을 탓한다고 문제가 해결되는 것은 아니고 어느덧 밖은 어스름이 내리기 시작했다. 선생께선 저녁 모임 때문에 전철역으로 총총 발걸음을 옮겼으니 벚나무 아래에서 개개 풀린 우리들은 어미 소 떠나보낸 외양간 되어 망연히 배웅할 수밖에. 가까운 호프집에서 생맥주로 더운 가슴을 식혔지만, 아쉽다. 더 철저하게 준비하고 치밀하게 계획을 세웠더라면…… 봄날 짧은 해는 한강 물결을 붉게 이끌고 합수머리 정도에서 임진강과 서쪽 바닷물을 어루만지고 있겠지만 물결처럼 흐르고 싶은 저녁 시간은, 외길이어서 연착선인 장항선 기차 안에서 캔맥주를 서너 통 따는 걸로 가라앉혀야 했다.

꿈을 꾸었던가. 왕소나무를 보았던가. 옹점이를 만났던가. 후텁지근한 공기에 눈을 뜨니 벌써 신례원을 지나고 있다. 내포 평야 드넓은 논바닥 끝에는 논 안주인 젖무덤 닮은 산이 있고 산 밑에는 먼 불빛이 가물거린다. 저기에도 하루 고된 일을 끝내고 밥상에 둘러앉은 눈물겨운 숟가락들이 있겠구나. 짝이 맞지 않은, 중간 부분이 약간 휘어진 젓가락도 있고 겉절이도 있고 군둥내 나는 깨꾹지도 뚝배기에서 무럭무럭 김을 피워 올리고 있구나. 그 방 안을 들여다보는 화살나무 울타리도 보이고 잔바람에 한껏 키를 낮추는 싸리나무(키를 낮출수록 땅에 가깝고 땅에 가까울수록 가르마 타듯 마당 한쪽으로 뿌옇게 밝아오는 새벽 안개)도 보이고 소태 씹은 가장의 주름살 깊은 얼굴도 보이고 고욤처럼 가슴 한구석 응어리를 안고 사는 아낙네의 한숨 소리도 들리고 으름나무 덩굴처럼 얽히고설킨 한 많은 가족사가 보이고 초저녁에 푸장나무로밖에 쓰임이 없어 쇠죽 한 솥 끓여내는 데도 거품을 물고 식은땀 흘리는 개암나무도 보이고 찔레나무만큼 온몸을 가시로 무장하고 서로 으르렁대는 현대사의 질곡 많은 지역 감정도 보이고 세월의 풍화를 견디며 늠연히 서 있는 우람한 왕소나무도 보인다. 어혈 맺힌 옹이의 상처도 보인다.

저 불빛들이 저마다 한 초롱씩 꽃을 피우고 어린 떡잎을 기르면서 열매를 다독거려 숲을 이루고 강물이 되어 바다에 다다르는 사람들 아니겠는가. 고집불통의 나무 아니겠는가. 불빛이 천천히 내 가슴 속으로 젖어든다. 저 불빛이 이문구 선생이 그동안 속으로 흘린 눈물인가. 이문구 선생의 눈물이 별이 되어 떴다가 지고 나무가 되고 숲이 되어 저마다 환한 불빛이 되었는가. 왕소나무는, 반세기가 넘게, 아무 죄 없는 사람들을, 굴비 엮듯, 산 채로 수장시킨, 바다를 굽어보며, 끝내 말이 없다.

● 게국지. 게 또는 바다에서 나오는 것의 국물을 넣어 만든 김치.

박경리

세상에서
가장
부드러운 손

일하는 사람의 손은 썩지 않는다.

살아 있는 생명을 함부로 대하지 마라.

모시고 살아라, 쓰다듬고 살아라.

무엇보다 좋은 글을 써라.

만장이 펄럭이고 만가가

허허바다 멀리멀리 퍼져나갔습니다.

푸른 바다 깊이 선생님 주름살처럼 스며들었습니다.

ⓒ임종진

박경리 1927년 경상남도 통영에서 태어났다. 1955년에 단편 〈계산(計算)〉과 1956년 단편 〈흑흑백백(黑黑白白)〉을 《현대문학》에 발표함으로써 문단에 나왔다. 1957년부터 단편 〈전도(剪刀)〉, 〈불신시대(不信時代)〉, 〈벽지(僻地)〉 등을 발표하고, 1962년 장편 〈김약국의 딸들〉을 비롯하여 《시장과 전장》, 《파시(波市)》 등을 펴냈다. 1969년 6월부터 집필을 시작한 대하소설 《토지(土地)》는 1995년에 5부로 완성했다. 1957년 현대문학 신인상, 1965년 한국여류문학상, 1972년 월탄문학상, 1991년 인촌상 등을 수상했다. 2008년 5월 5일 향년 82세를 일기로 생을 마감, 대한민국 정부는 금관문화훈장을 추서하였다.

선생님,

 지난 5월 말에 토지문화관을 나와 집에 왔으니 벌써 석 달이 넘었군요. 토지문화관을 품고 있는 매화마을은 선생님 품처럼 넓고 깊었습니다. 농부들이 층층 다랑이논에 모를 내고 비탈 밭을 갈아 옥수수 모종을 심고 고추가 살랑살랑 춤을 출 때 그곳을 떠났지요. 집에서 오매불망 기다리는 가족들 생각보다는 생전, 선생님과 작별하는 마음 같아 울컥했습니다. 솔직히 고백하자면 좀 더 있게 해달라고 떼를 쓰고 싶었어요. 눈이 펑펑 내리던 3월에 입주하여 노오란 앉은뱅이 수선화가 피어날 때쯤 나왔으니 첫사랑만큼, 봄밤만큼, 봄꿈만큼 짧고 허망하기까지 했습니다. 밤새 내린 눈 무게에 못 이겨 아름드리 소나무가 우지끈 부러질 때부터 버들강아지 솜털 일렁이며 아지랑이 피어오르고 황사 군단 강원도 산골까지 진군하고 청매, 개나리, 진달래, 산수유, 생강나무 앞다투어 꽃을 피울 때까지 우리 입주 작가들은 밤잠을 설쳤습니다. 소쩍새와 뻐꾸기는 왜 그렇게 구슬피 짝을 찾아 헤매던지요.

 사람이 편해지면 잡생각이 많아지더군요. 돌아보면 결혼하여 아이 기르며 살아온 지난 이십여 년 동안 한 번도 집을 떠난 적이 없습니다. 운이 좋아 직장에 다니는 아내를 모시게 되었어요. 막노동과 우유 배달과 신문 배달과 여러 잡스러운 일과 함께 전업주부로 살았습니다. 대한민국 평범한 주부 그 모습이지요. 청소와 빨래, 장보기, 요리하기, 공공요금 내기, 아이 간식 챙겨주기, 경호원과 운전기사 노릇, 뭐 당연한 일 아니겠습니까. 그렇게 불혹 지나 지천명 고개를 넘자, 아이는 대학생이 되었고 아내는 흰 머리털을 뽑아 제 일기장 위에 소복하게 쌓아놓는 시절이 다가왔습니다. 바야흐로 갱년기, 다시 인생을 갱신하는 대변혁의 순간이 다가온 겁니다.

토지문화관, 선생님 손길과 숨결과 정성과 정신이 살아 있는 곳에서 다시 출발하고 싶었습니다. 귀래관은 따뜻하고 조용하고 고요했습니다. 밖에서는 바람이 불고 눈보라가 휘몰아치고 봄비가 내렸다가 그치고 해와 달과 별이 계곡물과 저수지 위로 노 저어가느라 부산했지만, 창작실 안은 편안했어요. 그야말로 천국이었지요. 선생님 이름에 누를 끼치는 짓은 하지 말아야지, 천 리 먼 길, 어떻게 여기까지 왔는데, 밤새 전등을 푯대 삼아 눈 부릅뜨고 허리 곧추세웠지만 아침은 빨리 왔습니다. 소출이 적었어요. 그럴 것이, 삼시 세 끼, 제가 가족들을 위해 지은 밥을, 이젠, 누님 같고 어머니 같은 분들이 저를 위해 해주는 것이었어요. 얼마나 고맙고 미안한지 저는 발뒤꿈치를 들고 다녔습니다. 더군다나 지겨운 설거지를 하지 않아도 되니 그야말로 꿈꾸는 듯했습니다. 아직 덜 떨어져서 그런지, 인생, 쓴맛을 다 못 봐서 그런지, 이제 슬슬 잔꾀를 부리질 않나, 도망갈 생각만 하질 않나, 특히 음식 만들기보다는 설거지하기가 그렇게 귀찮은 거예요. 정말 한심한 놈이지요. 저는 어느 날 저녁밥을 먹고 내려와 보들보들해진 제 손을 들여다보았어요. 하얀 손, 부끄러운 하얀 손이었습니다. 그러자 불현듯 십오 년 세월을 훌쩍 뛰어넘어 선생님과 처음 만났을 때의 기억이 떠올랐지요.

선생님,

그때가 1994년이었나요, 1995년이었나요? 기억이 가물가물한데 가을은 분명했어요. 선생님 《토지》 완간 잔치가 열렸던 해였으니까요. 지금은 문학공원으로 변한 단구동 옛집에서 선생님을 처음 뵈었어요. 얼마나 떨리던지, 두근거리는 가슴을 억제하며 같이 간 친구랑 묵묵히 일을 했지요. 우리는 원주 시내에 숙소를 구해놓고 출퇴근하면서 일주일 동안 일을 했습니다. 야외 식당과 간이 화장실을 짓고, 잡풀 제거, 청소, 화단 정리 같은 잡일을 했습니다. 하늘은 높고 바람은 잔잔하고 공기는 쾌청하여, 우리는 마치 소풍 나온 학생들마냥 가벼운 마음으로 작업을 이어나갔습니다.

선생님께선 좀처럼 밖으로 나오시지 않았어요. 방송국 카메라는 언제든지 인터뷰를 하려고 기회를 노리고 있었지요. 아주 가끔 고양이 밥을 줄 때, 하루 겨우 한두 번 바깥 행보를 하셨지요. 그때마다 우리는 "얼른 찍어!" 하면서 선생님 얼굴 담기에 정신이 없을 지경이었는데요. 나중에 알고 보니, 정말 우리를 작업하러 온 일꾼으로 보신 거예요. 그럴 만도 하지요. 저와 제 친구는 외모로 보나 행색으로 보나 어디 가나 딱 막노동을 하는 일꾼 그 자체였으니까요. 사흘째 되던 날인가요. 어렵사리 만난 선생님께 나온 지 얼마 안 된 시집을 사인을 해서, 부끄럽게, 정말 부끄럽게 드렸더니, 깜짝 놀라는 선생님 표정이 지금도 생생합니다.

 그 다음날부터는 특급 대우였어요. 틈만 나면 나오셔서 직접 만든 반찬을 내오시고, 어떤 때는 통닭까지 시켜주셨으니까요. 잔치를 준비하기 위해 후원받은 술 상자가 산더미처럼 쌓여 있었는데요. 선생님께선 눈치 보지 말고 먹으라고 하셨습니다. 우리는 목마를 때마다 선생님이 주신 푸짐한 안주를 놓고 양껏 마셨습니다. 일이 술술 풀려나갈 수밖에요. 커다란 황소 잔등 같은 치악산 줄기를 바라보며 술을 마시다 보면, 쏟아지는 낙엽과 함께 마치 이 세상 같지 않았어요. 행복이 있다면 바로 이런 풍경 아닐까요. 우리는 동시에 외할머니, 아니, 어머니를 느꼈어요. 세상에서 가장 큰 어머니 말이죠. 그 품에 안겨 세상 슬픔 모두 털어놓고 울고 싶은 그 어머니 말이지요.

　드디어 모든 준비가 끝나고 《토지》 완간 기념잔치가 벌어졌습니다. 축복인 듯 따사로운 가을 햇살이 단구동 마당 한가운데로 쏟아졌어요. 그 많은 사람들의 움직임, 노래, 축시, 축사, 축하무용, 그 모든 일정들이 한낮 꿈처럼 몽롱하게 흘러갔습니다. 수많은 세월, 혼자서, 단독자로서, 혹독한 외로움을 극복하고 써내려온 《토지》 완간은 우리나라 문학사뿐만 아니라 세계 문학사에도 한 획을 긋는 대단한 성취였습니다. 그날은 한국 문학사가 다 모인 게지요. 세계 문학사에서도(이미 여러 나라에서 번역 출간된 걸로 알고 있습니다) 보기 드문 성취였습니다. 속으로 참은 눈물의 승리, 외로움의 승리, 일한 사람의 승리, 앓는 사람의 승리였어요. 세상 가장 낮은 곳에서 엎드려 사는 이 땅 백성들의 승리였어요. 누구보다 손톱 발톱 문드러지도록 고독과 싸우면서 단 한 번도 만년필을 놓지 않았던 선생님 자신의 승리였습니다. 위대한 스승들이란 혼자 있을 때, 어떻게 시간과 싸우는지, 어떻게 시간을 경영하는지 거기서 결판이 나는 거 아니겠어요? 그곳에 모인 축하객들은 남녀노소를 불문하고 모두 마음껏 마시고 있는 힘껏 노래 부르고 온몸을 다해 춤을 추었습니다.

　어느덧 선생님이 직접 가꾼 배추밭과 고추밭, 콩밭 언저리에 붉은 노을이 내려앉았습니다. 이제는 헤어져야 할 시간이었어요. 수

많은 방문객들과 언론사에 지친 선생님이었지만, 일주일 내내 허드렛일을 한 우리들에게는 참으로 다정하게 대해주셨어요. 우리들 손을 차례로 잡고 쓰다듬으면서 말씀하셨죠. "일하는 사람 손은 썩지 않아요. 제 손을 보세요. 글이 잘 안 될 때마다 얼마나 일을 했는지, 손톱이 다 닳았잖아요." 우리는 거친 선생님 손을 오래오래 쓰다듬었습니다. 얼마나 많은 날들을, 그렇게 살아오셨는지요. 손주를 업고 글을 쓰고 바느질을 하고, 세간을 닦고, 날이 밝으면 밭에 엎드려 그대로 땅이 되고 거름이 될 때까지 나오시지 않았으니 말이지요.

　먼길 조심히 가라고 문밖에 망연히 서서 손 흔들던 선생님 모습이 시나브로 덮쳐오는 어둠에 지워졌습니다. 그 부드러운, 크나큰 손길이 우리 어깨 위에 가만히 얹혀 있었지요. 서편 하늘에는 선생님 눈시울 같은 별들이 젖어 반짝거렸습니다. 우리는 명절날 고향에 잠깐 들렀다가 객지로 돌아가는 자식들처럼 말이 없었습니다. 차마 떨어지지 않는 발걸음이었지요. 금방이라도 돌아가 저녁밥 차려달라고 떼쓰고 싶은 마음이 불현듯 들었습니다. 넘어가는 해를 따라, 떠오르는 달빛의 부축을 받으면서, 서쪽으로 서쪽으로, 바다가 있는 집으로 돌아오던 그 밤을 어찌 잊을 수 있겠습니까.

그리고 딱 한 번 선생님을 더 뵈었습니다. 김지하 시인 부친, 남로당 목포지구당 위원장 김맹모 선생 장례식장에서였어요. 한결같은 일꾼 복장으로 바닥 일을 하는 우리에게 듬직한 머슴 같다고 커다랗게 웃으며 손을 잡아주셨지요. 늘 그렇듯이 선생님 손은 따뜻했습니다.

그게 마지막이었습니다. 살다 보니, 그렇게 속절없이 세월이 흘러 선생님께서 병원에 입원하셨다는 소식을 듣고도 찾아뵙지 못했습니다. 한쪽 가슴을 도려내는 큰 수술에도 강인한 생명력으로 일어나신 선생님이기에 믿었지요. 이번에도 보란 듯 벌떡 일어나 그 좋아하는 담배를 물고 어린 고양이와 거위를 보살피는 선생님을 그려보았습니다. 텃밭에서 손수 가꾼 나물을 무쳐 이것저것 내오시는 이웃집 할머니 같은 선생님을 떠올렸습니다. 얼마나 모진 세월을 보냈는데…… 그까짓 고혈압, 폐암 정도는 툭툭 털고 일어나실 줄 믿었습니다. 버리고 갈 것만 남아 홀가분하셨다지요.

전화를 받자마자 올라갔습니다. 《토지》 완간 잔치 목수처럼, 김맹모 선생 장례식장 잡부처럼, 선생님 모신 영안실에서 꼬박 사흘 동안 당직을 섰습니다. 그때처럼 또 커다랗게 웃으시며 어깨를 두드려주실 것 같았지요. 제 임무는 운구조였어요. 영광스럽게도 제일 앞자리에서 말이지요. 삼도천 건너 피안의 세계로 돌아가시는 길에, 저도, 선생님과 함께했다는 사실이 뿌듯하고 행복했습니다.

부지런히 움직여라, 손 놀리지 마라, 단 한순간도 허투루 보내지 마라, 편안하게 누운 선생님께서 조곤조곤 말씀하셨습니다. 일하는 사람의 손은 썩지 않는다, 살아 있는 생명을 함부로 대하지 마라, 모시고 살아라, 쓰다듬고 살아라, 무엇보다 좋은 글을 써라, 만장이 펄럭이고 만가가 허허바다 멀리멀리 퍼져나갔습니다. 푸른 바다 깊이 선생님 주름살처럼 스며들었습니다.

선생님,

지금쯤 토지문화관 앞에는 벼들이 누렇게 고개를 숙였을 겁니다. 옥수수는 벌써 거두어 냉동고에 보관했을 거고요. 고추도 갈무리 지어 김치 담글 때 쓰려고 말려놨을 겁니다. 텃밭에는 배추와 무, 쪽파가 푸르게 자라고 있겠지요. 계곡물과 저수지는 더 깊어졌을 거예요. 거위는 아직도 선생님 손길을 기다리며 왈짜를 부리고 있고요. 귀뚜라미 소리 매화마을을 가득 채우고, 귀래관, 매지관 불빛에 낙엽송, 전나무, 소나무 오랫동안 잠 못 이룰 겁니다. 작약, 앉은뱅이 수선화, 제비꽃, 생강나무, 진달래, 개나리, 청매나무 다시 내년 봄을 기약하며 긴 꿈의 잠 속으로 빠져들 겁니다. 저희 3월 입주 작가들은 선생님 기일에 맞추어 귀래관 앞뜰, 연못 옆에 돌배나무 두 그루를 심었습니다. 해마다 선생님을 추모하며 나무를 심어 나가기로 약속했습니다. 나무를 심으려고 땅을 파보니 잔돌도 많고 거칠었습니다. 그러나, 생명은 위대한 거지요. 거친 땅속에서도 선생님 손길처럼 뿌리를 내리고 꽃을 피우고 열매를 맺고 싱싱청청 하늘을 우러러 겁니다. 나무를 우러르며, 풀벌레 소리를 음악 삼아 후배 작가들은 선생님의 문학 정신과 생명사상을 이어받으려 밤새 초롱한 눈길로 공부를 할 겁니다.

　선생님,
　토지문화관 앞뒤 산에도 곧 낙엽이 지고 눈이 내리겠지요. 선생님은 하늘나라에 계시지만, 선생님이 베풀어주신, 크나큰 사랑은, 우리 인류가 망해, 초록별이 우주에서 사라질 때까지 영원할 겁니다. 저도 언젠가는 선생님 계신 곳으로 가게 되겠지요. 그때 가서 부끄럽지 않게 선생님 손 잡고 싶어요. 정직하게 일을 해서 거칠어진 손으로 선생님 안아보고 싶습니다. 이번 추석에 선생님 좋아하는 담배 한 보루 부칩니다. 달게 태우시고 만나뵙게 되는 날까지 평안하게 계십시오.

2010년 9월 추석 즈음에
충남 서산에서
유용주 올림

작가의 말

나는 원래 이 세상에 속해 있지 않았다.

사십 년 만에 반백이 되어 고향에 돌아왔다. 되돌아보니 이 책에 모신 분들과 하늘이불 덮고 한세상 넘나들 때가 내 짧지 않은 인생 중에서 가장 빛나던 순간들이 아니었을까. 고백하자면, 시보다 아름답고 소설보다 재미있는 글을 쓰고 싶었다. 수많은 별들이 흘러갔다.

열 평 남짓한 오두막을 짓는 데 일 년이 넘는 시간을 허비했다. 그리워한 만큼 혹독한 대가를 치러내야만 했다. 군청, 경찰서, 법원, 건축업자에게 지불한 통행세는 법을 잘 모르는 무지에서 비롯되었다고 치자. 가장 가깝다고 생각해 믿고 의지한 마을 사람들, 먼 친척들, 흔히 불알친구라고 부르는 국민학교 동창들을 떠올리면 얼굴이 화끈거린다. 지난 일 년 사이, 십 년은 더 늙어버린 기분이다.

그러나 고향에 대해 이렇게 말하면 불효막심한 놈이다. 고향이 내게 베풀어준 유·무형의 자산은 이루 헤아릴 수 없이 많다. 그 모진 세월, 죽지 않고 살아남은 이유가 여기에 있다. 세상에는 공짜가 없으며 빚은 어떤 식으로든지 반드시 갚아야 한다는 사실을.

속죄하는 마음으로 제일 먼저 나무를 심었다. 나무를 심어보니 알겠다. 글을 써서 밥을 벌고 책을 펴내는 일이 얼마나 많은 죄를 짓는 일인지. 비루하구나, 삶이여! 덧없는 모멸과 뼈아픈 치욕은 (밑거름으로 쓰면 나무는 잘 자라겠지?) 죽는 날까지 따라오리니 괴로움이야말로 내게 남은 유일한 친구다.
　다 떠났는데 너만 남았구나.
　고맙다……, 정말, 고맙다.

2012년 가을
장수 신무산 아래에서
유용주

| 지면에 수록된 글의 출처 |

한 점 소리 없이 눈이 내린다
반년간지 《詩人》, 제13권, 2011

세상에서 가장 낮은 노래
이나미 소설집 《수상한 하루》 발문, 랜덤하우스코리아, 2010

끝나지 않은 노래
김해자 시집 《축제》 발문, 애지출판사, 2007

먼 바다에서 온 물봉선
박남준 산문집 《작고 가벼워질 때까지》 발문, 실천문학사, 1998

한 도보 고행승에 대한 중간 보고
한창훈 소설집 《가던 새 본다》 발문, 창비, 1998

쓰다듬는 나무가 세상을 키운다
계간 《문학과경계》 2004년 가을호

생의 북쪽을 지니고 간다
이면우 시집 《그 저녁은 두 번 오지 않는다》 발문, 북갤럽, 2002

아니 갈 수 없는 길
이원규 산문집 《길을 지우며 길을 걷다》 발문, 좋은생각, 2004

바람 같고 산맥 같고 나무 같은 사람
반년간지 《작가마당》 제3호, 2000

아름다운 얼굴
송기원 시집 《저녁》 발문, 실천문학, 2010

목매달아 죽어도 좋은 나무
계간 《list》 9호, 2010

숲을 이루는 존재들을 위하여
계간 《문학동네》 2000년 여름호

세상에서 가장 부드러운 손
《선생님 전상서!》, 평사리문학관, 2010

아름다운 얼굴들

ⓒ 유용주 2012

초판 1쇄 인쇄 2012년 9월 3일
초판 1쇄 발행 2012년 9월 7일

지은이 유용주
펴낸이 이기섭
편집인 김수영
책임편집 이지은
기획편집 임윤희 김윤정 정회엽 이조운
마케팅 조재성 성기준 정윤성 한성진 정영은
관리 김미란 장혜정

펴낸곳 한겨레출판(주) www.hanibook.co.kr
등록 2006년 1월 4일 제313-2006-00003호
주소 121-750 서울시 마포구 공덕동 116-25 한겨레신문사 4층
전화 02)6383-1602~3 **팩스** 02)6383-1610
대표메일 book@hanibook.co.kr

ISBN 978-89-8431-616-4 03810

- 책값은 뒤표지에 있습니다.
- 파본은 구입하신 서점에서 바꾸어 드립니다.
- 이 책의 일부 또는 전부를 재사용하려면 반드시 저작권자와 한겨레출판(주) 양측의 동의를 얻어야 합니다.